बाईसवीं सदी

बाईसवीं सदी

राहुल सांकृत्यायन

GYAN

Published by

Gyan Publishing House
5, Ansari Road
Daryaganj, New Delhi-110002
Phone: 011-47034999, 9811692060
E-mail: books@gyanbooks.com

Distribution Network
gyanbooks.com
India, USA, Canada, UK, Australia

ISBN: 978-93-6920-196-9 (HB)

First Published, 1957

2nd Impression 2025

Printed at: Gyan Press, Delhi.

बाईसवीं सदी

Author: राहुल सांकृत्यायन

बाईसवीं सदी

राहुल सांकृत्यायन

प्रथम संस्करणसे

दो शब्द

सन् १९१८ ई० का अप्रैल या मईका महीना था। रात्रिके शेष प्रहरमें विश्वबन्धुका यह भ्रमण-वृत्तान्त, स्वप्न और जाग्रत दोनों अवस्थाओंमेंसे नहीं कहा जा सकता कि किस अवस्थामें, दृष्टि-गोचर हुआ। उसी समय क्रमानुसार इसका एक संक्षिप्त विवरण लिख लिया गया था; किन्तु समयाभावसे उसे विस्तार-पूर्वक प्रकाशनोपयोगी न किया जा सका था। वह संक्षिप्त विवरण एक मित्रकी असावधानीसे खो गया। कितने ही समय तक प्रतीक्षा करनेपर भी जब उसके मिलनेकी आशा बिल्कुल न रही, तब, स्मृतिसे जहाँ तक हो सका, बहुत संक्षेपमें यह निबन्ध हजारीबाग जेलमें ६-२-२४ से लिखा गया। यद्यपि मूल अंशोंमें कोई परिवर्त्तन नहीं हुआ होगा, किन्तु बाहरी बातोंमें अनेक हेरफेर होना बिल्कुल सम्भव है।

किस अभिप्रायसे यह पुस्तक लिखी गई, एवं कहाँ तक इसमें सफलता हुई, यह पाठकों ही पर छोड़ा जाता है।

तृतीय संस्करण

इस संस्करणमें भी बिना भारी परिवर्त्तनके कितने ही संशोधनकर दिये गये हैं। बाईसवीं सदीकी पूर्वगामिनी "सोवियत् भूमि" मौजूद है, उससे पता लगता है, कि दुनिया किधर जा रही है।

प्रयाग — राहुल सांकृत्यायन

५-८-१९४३

सूची

विषय

१—लम्बी नींदका अन्त ....

२—सेवग्रामका बाग ....

३—वर्तमान् जगत् ....

४—विद्यालयके विषयमें ....

५—बीसवीं सदी ....

६—ग्राम और ग्रामीण ....

७—शिशु-संसार ....

८—रेलकी यात्रा ....

९—नालंदामें स्वागत ....

१०—शिक्षा-पद्धति : शिशु-कक्षा ....

११—शिक्षा-पद्धति : बाल-कक्षा ....

१२—शिक्षा-पद्धति : तरुण-कक्षा ....

१३—शासन-प्रणाली ....

१४—नालंदासे प्रस्थान ....

१५—भारतके प्रजातंत्र ....

१६—वर्तमान् जगत्से उठ गई चीज़ें ....

(१)

लम्बी नींदका अन्त

ओह, इतना परिवर्त्तन ! यहाँ इतने मोटे-मोटे वृक्ष पहले कहाँ थे ? यह बड़ी चट्टान भी तो यहाँ नहीं थी । तब यह आई कहाँ से ? हाँ, उस शिखरसे टूटकर आई मालूम पड़ती है; लेकिन इस ऊँची चट्टानके बीचमें आजानेसे यह बाग्मतीमें नहीं गिर सकी । पर वहाँसे आई कैसे, राहमें बड़े-बड़े वृक्ष जो हैं ! तो ज्ञात होता है, ये वृक्ष पीछे उगे हैं । और ये आकृतिसे सौ वर्ष पुराने मालूम होते हैं । तो क्या मेरे आये इतने दिन हो गये—ओह-हो ! हाँ, मुझे स्मरण हो रहा है, मैं फर्वरी १९२४ में यहाँ आया था । यदि तबसे १०० वर्ष बीते, तो अब २०२४ होना चाहिये ।

ओह ! अब यहाँ से उतरना भी मुश्किल है । बागमती हाथों नीचे चली गई । यहाँ वह किनारेवाली चट्टान भी नहीं है । जिस खुड्डीसे चढ़कर मैं यहाँ आया था, वह भी पानीके बहनेसे नाली-सी हो गई । किन्तु, हाँ, पर्वत-राजका यौवन तो और भी बढ गया है । चारों ओर हरियाली-ही-हरियाली उग आई है । और झरना !—अरे, यह तो एक छोटा-सा प्रपात ही हो गया ! वाह-वाह ! इधर तो और भी कई झरने आस-पास दिखाई देते हैं । पर बाग-मतीका 'कल-कल' तो वही है । दो-एक चट्टानोंके हटने और कुछ नीचे चले जानेके अतिरिक्त इसमें और कोई हेर-फेर नहीं हुआ है । किन्तु, पहलेका वह किनारेवाला वृक्ष नहीं दीख पड़ता ! सचमुच मेरे परिचित एक भी वृक्ष यहाँ नहीं हैं । जब यहाँ इतना परिवर्त्तन है, तो बस्तियोंमें, न जाने, क्या हुआ होगा ? बड़ा कौतूहल हो रहा है । देखना चाहिये, मानव-संसारने क्या-क्या रूप बदले हैं । रास्ता भीमफेरी होकर गया था । वहाँ कुछ लोग ज़रूर होंगे । उनसे भी कुछ पता लगेगा ।

यह विचारते हुए मैंने अपनी चिर-सहयोगिनी गुफासे विदा ली । ३५-३६ हाथ ऊपरकी अपनी गुफासे नीचे आनेमें मुझे बड़ी कठिनाई मालूम

हुई। मेरे कपड़े का पता नहीं—वह कब सड़-गल गया ? आदमियोंमें जाना है—बदन ढाँकनेकेलिए वस्त्र तो नितान्त आवश्यक है। यह विचारकर मैंने झट एक वृक्षसे बड़े-बड़े पत्ते तोड, जंगली बेलसे कमर में बाँध लिये। नीचे आनेपर नदी के किनारे-किनारे चलना ही मुझे उचित मालूम हुआ। क्योंकि मुझे सन्देह होने लगा कि वह नजदीकवाला मार्ग साफ है या नहीं। गगा-किनारे आते ही मेरी इच्छा पहले स्नान करने की हुई। सूर्यकी धूप यद्यपि सामने पड रही थी, दिन भी दो-तीन घटे चढ आया था, लेकिन अभी थोड़ी-थोडी पहाड़ी सरदी पड़ रही थी। तो भी मैंने खूब स्नान किया। नहा-धो चुकनेपर सामने कुछ परिचित फल लगे दिखाई पड़े। मैंने उन्हें तोडकर खूब मतलब भर खाया। इस तरह पेट-पूजासे निश्चिन्त हो, कदम आगे बढाया।

जब मैं पहले यहाँ आया था, तभी ६०-६१ वर्षका हो चुका था, बाल बहुतसे पक गये थे; लेकिन अब तो ये सर्वथा सन-जैसे श्वेत हो गये थे। चिर-काल तक निराहार रहने से शरीर सूख गया था, किन्तु, उत्साह और फुर्ती अब भी कम नहीं थी। चलते-चलते चार-पाँच घटे हो गये। प्रायः छः-सात कोस चल पाया होगा कि ऊपर से तार जाते दिखाई पड़े। धूपमे चमकनेसे मालूम पड़ा कि तार ताँबेके हैं। ताँबेके तार तब यहाँ दिखाई न पड़े थे, इसलिए यह नया परिवर्त्तन मालूम हुआ। मैंने अनुमान किया, शायद इधर कहीं बिजली पैदा की जाती है, जो इन तारोंके द्वारा और जगहों पर जाती होगी। अब आगे, आस-पास, पर्वतोंपर दोनों तरफ अनार, नारगी, और केलेके बाग दिखाई पड़ने लगे। कोसों तक चला आया, पर अभी कोई आदमी दिखाई न पडा। मुझे बगीचोंमें होकर रास्ता जाता मालूम पड़ा; विचार आया, उससे चलनेपर क्या जाने जल्दी कोई आदमी मिल जाय। मैंने अब नदी-तट छोड़, ऊपरका रास्ता पकड़ा और नारगीके वृक्षोंकी छायामें चलना आरम्भ किया। देखा, फल खूब लगे हैं और वह भी साधारण नहीं, बहुत बड़े-बड़े। फिर सौन्दर्यका क्या कहना है ? मनमें सोचा, अगर आगे कोई रखवाला मिले, तो पूछूँ। मैं जितना ही आगे बढ़ता जाता था, मेरी उत्सुकता और बढती जाती थी।

अब नारंगीके बगीचे समाप्त हो चले, सेबोंके शुरू हुए। यह बात नेपालके

लिए मुझे नई मालूम पड़ी। सेब बहुत बड़े-बड़े लदे हुए थे, और बागें भी पर्वतकी ऊँचाईके साथ-साथ ऊपर चोटी तक चले गये थे। जगह-जगह बरसाती पानीके नीचे गिरनेके लिए नालियाँ और नल लगे हुए थे। मोटे-मोटे नलों से पानी सब जगह पहुँचाया गया था। कहीं-कहीं पीनेके भी नल दिखाई पडते थे। रास्तेसे कुछ हटकर एकाध छोटे-छोटे टीनके मकान खड़े मालूम देते थे। पर मैंने रास्ता छोड़कर वहाँ जाना न चाहा। सोचा, अभी आगे चले चलें, कहीं-न-कहीं रास्तेपर ही कोई मिल जायगा।

पूरे चार कोस चलनेके बाद आखिर आदमियोंकी आवाज सुनाई दी। ज्यों-ज्यों नजदीक आता जाता था, आवाज स्पष्ट होती जाती थी। जब पास आया, तो देखा, उनमें स्त्री और पुरुष दोनों ही हैं। उनके वस्त्र बहुत ही स्वच्छ हैं; चेहरे खिले हुए हैं। मनमें विचारा, क्या ये नेपाल राज-परिवारके स्त्री-पुरुष तो नहीं हैं, जो शायद मनोरंजनके लिए यहाँ आये हैं। लेकिन ऐसी बात नहीं मालूम पड़ती। ये तो डलियों में तोड़-तोडकर फलोंको ज़मीनपर रखते जाते हैं और कुछ लोग उन्हीं फलों को सामने लिये जा रहे हैं। मालूम होता है, वहाँ वे ढेर लगाते होंगे। इसके अलावे, राज-खानदानका बीस-गजी पायजामा भी इन स्त्रियोंके पास नहीं है, यद्यपि इनका रंग-रूप, वेष-भूषा, शारीरिक गठन, स्वच्छता व्यवहार उनसे कहीं ऊँचे दर्जेका है, किन्तु फर्क भी अवश्य है। ये सब-की-सब पैंट पहने हैं; इनके हाथ-पैर मोजे और दस्तानेसे ढँके हैं। पैरोंमें जूते भी हैं। इसमें अवश्य कोई रहस्य है। अच्छा, इनसे मिलकर ही पता लगेगा। और अब तो बिलकुल पास ही आगया हूँ। काममें लगे रहनेके कारण उन्होंने मुझे नहीं देखा। लेकिन वह देखो, वहाँ एकने मुझे देखकर अपने साथियोंसे कुछ कहा। सब-के-सब क्या मेरी तरफ आँखें फाड़-फाड़ कर देख रहे हैं? क्या मैं कोई जन्तु हूँ? कोई मेरे पत्तोंके कपड़ोंकी ओर देख रहा है, तो कोई दाढीकी ओर। अच्छा, वह एक आदमी इधर आ रहा है, उसीसे सब बातें मालूम होंगी।

हालाँकि आनेवाला व्यक्ति सीधे आ ही रहा था, पर मेरी उत्सुकता मुझे अधीर बना रही थी।

२

सेवग्रामका बाग

उस पुरुषने धीरे-धीरे मेरे पास आ, 'स्वागत' कहा। यद्यपि उसने मुझसे एक ही बार यह शब्द कहा, लेकिन मेरे कानोंमें, न जाने कितनी बार, उसकी आवृत्ति होती रही। इसके बाद ही वार्तालाप शुरू हुआ।—

"आप कहाँसे आ रहे हैं?"

"कहीं दूरसे तो नहीं; करीब दो घंटे दिन चढा था, तब मैं अपने स्थानसे चला हूँ।"

"अब," झट घड़ी देखकर—"तीन बजकर बीस मिनट हो चले हैं। मुझे क्षमा करेंगे, अगर मेरी बातोंमें कुछ ढिठाई हो, क्योंकि आपके दर्शनने ही जिज्ञासा-तरंगोंसे हृदयको डाँवाडोल कर दिया है।"

"जो कहना हो, निस्संकोच होकर कहो। मेरे कुतूहल भी कुछ कम नहीं हैं। यद्यपि, इस स्थानसे मेरा निवास बहुत दूर नहीं, लेकिन समयसे कुछ अवश्य दूर है। अच्छा, यह तो बताओ, आज सन्-संवत् क्या है?"

"सन् १००"

"कौनसा सन्?"

"सार्वभौम। आप कौन सन् पूछते हैं?"

"ईसवी।"

"वह है, २१२४।"

"ओ-हो! तो क्या मुझे गुफामें बैठे दो सौ वर्ष हो गये? तभी तो सब जगह परिवर्त्तन-ही-परिवर्त्तन दिखाई पड़ता है। अच्छा, पूछो जो कुछ पूछना हो।"

"क्या आपको गुफामें बैठे दो सौ वर्ष हो गये? और बैठते समय अवस्था क्या रही होगी?",

"६० वर्ष।"

"२६० वर्ष बहुत होते हैं। मेरी अवस्था अभी ६० वर्षकी है। वृद्ध-पुरमें १०० और १२० वर्षके भीतरके कई पुरुष हैं। किन्तु आपकी अवस्थाका

पुरुष अभीतक सुननेमें नहीं आया। यह सब बातें मुझे और भी आश्चर्यमें डाल रही हैं; साथ ही, बहुत-कुछ पूछनेकी उत्सुकता भी उमड़ रही है। किन्तु, वहाँ जो मेरे साथी स्त्री-पुरुष हैं, वे भी मुझसे कम उत्सुक नहीं हैं। इसलिये क्या ही अच्छा हो, अगर उनके सामने ही आप अपनी आत्म-कथा कहें। × × × हाँ, एक बात और। अब ऐसे वस्त्रोंका रवाज नहीं रहा; अनुचित तो न होगा, यदि आपको पहननेके लिए वस्त्र ला दूँ ?"

"नहीं, कुछ अनुचित नहीं। इसकी आवश्यकता मैंने भी महसूस की थी।"

उस भद्रपुरुषने, मेरा वाक्य खतम होते ही 'अर्जुन ! अर्जुन !' पुकारा; और आवाज सुनते ही एक युवक दौड़ा आया। उसने स्मितमुख हो मेरा स्वागतकर अपने साथीसे पूछा—"क्या है ?"

"यहाँ, इस मकानमें धोती-जोड़े रखे होंगे। दौडकर उनमेंसे एक यहाँ लाइये ...आपके पहननेके लिए।"

"बहुत अच्छा," कहकर अर्जुन दौड़ गया और दो मिनटमें निहायत साफ एक धोती ले आया।

मैंने धोती लेकर कहा—"पहली बात तो यह कि चूँकि हमें बातें बहुत करनी हैं, अतः नामसे परिचित होना चाहिये। मेरा नाम विश्वबंधु है और आप अपना नाम बतलाइये।"

"मेरा नाम सुमेध।"

"तो सुमेध जी ! सहायताके लिए धन्यवाद।"

"नहीं, वैसी कोई बात नहीं। अब हम लोगोंके जलपानका भी समय होगया है। आप भी थके-माँदे होंगे—भूख लग जाना भी स्वाभाविक ही है। अभी चलकर जल-पान करें और इसके बाद आत्म-वृत्तान्तसे हमें कृतार्थ करें।"

"सुमेध ! सचमुच तुम्हारे थोड़ेसे वार्तालापने मुझे बहुत आकृष्ट कर लिया है। इस समय मेरे आनन्दका ठिकाना नहीं। अच्छा, चलो।"

अब सुमेध मुझे साथ लेकर उस मकानकी ओर चले। इतने में यकायक तोपके गोले-की-सी आवाज़ हुई। पहले तो मैं चौंक गया, पीछे पूछनेपर

मालूम हुआ, यह जलपानकी सूचना है। मेरी अनेक जिज्ञासाओंमें एककी और वृद्धि हुई। मैंने देखा, उधरसे वे स्त्री-पुरुष भी—जो काममें लगे थे—काम छोड़कर इसी मकानकी ओर चले आ रहे हैं। मकानके पास जाकर क्या देखता हूँ, साफ पानीके कितने ही नल लगे हुए हैं। नहानेके लिए साफ जलके टब हैं। मकान बहुत स्वच्छ है। तीन-चार बड़े-बड़े कमरे हैं। एक हॉल है, जिसमें डेढ-दो-सौ आदमी बैठ सकते हैं। कमरोंमें बहुत-सी कुर्सियाँ हैं।

मैंने बड़े हॉलमें देखा, पाँतीसे कुर्सियाँ और मेज लगे हुए हैं। मेजों पर एक-एक तश्तरीमें सेब, केले, अंगूर आदि कितने ही फल रखे हुए हैं और गिलासोंमें भरकर दूध। हम सब स्त्री-पुरुषोंकी संख्या करीब एक-सौ थी। मैंने उतनी ही थालियाँ वहाँ देखकर पहले आश्चर्य किया। क्या स्त्रियाँ भी पुरुषोंकी बगल में बैठकर नाश्ता करेंगी? इतने हीमें वे सब स्त्री-पुरुष भी आ गये। सबने स्मितमुख हो स्वागत किया। महाशय सुमेधने उन्हें सम्बोधित करके कहा—

"साथियो, हमारे आजके अतिथिको देखकर सबको बड़ी जिज्ञासा है। फिर हमारे जैसोंकी—जिनने एकाध बात सुन ली है—उत्सुकताका तो कोई हिसाब नहीं। इसीलिए मैंने अकेले ही सब सुन लेना अच्छा नहीं समझा। अभी तो सिर्फ इतना जान पाया हूँ, कि हमारे विश्वबंधु जी १९२४ से ही, यहाँसे १०-१२ कोसकी दूरीपर जमे हुए थे, जहाँसे आज ही आ रहे हैं।"

इतना सुननेपर नर-नारियोंका कौतूहल और भी उत्तेजित हुआ, पर जलपान करनेका समय बीत रहा था। इसलिए सबने हाथ-मुँह धोकर अपना-अपना आसन ग्रहण किया। यह कहनेकी आवश्यकता नहीं कि अर्जुनने मेरे जलपानकी थाली परोसनेको धोती ले जाते समय ही कह दिया था। सुमेधने मुझे एक कुर्सीपर बैठाया और पास ही स्वयं भी बैठ गये। उनके समीप ही एक महिला बैठी थीं, जो, आगे चलकर मालूम हुआ कि, उनकी साथिन सुमित्रा थीं। परोसनेवालोंने अपना काम समाप्तकर, स्वयं भी एक-एक आसन ग्रहण किया। अब सबका नाश्ता शुरू हुआ। मैंने भी एक कतरा सेब मुखमें डाला। मुझे उसकी मधुरता और सरसता अद्भुत मालूम हुई। मैंने तो उस समय यही समझा कि शायद चिरकालके बाद खानेसे यह इतना स्वादिष्ट

मालूम हो रहा है, किन्तु पीछे मालूम हुआ कि, यह वैज्ञानिक रीतिसे फलोंकी खेती होनेका परिणाम है। मुझे अधिक भूखा समझकर कुछ ज्यादा फल दिया गया था। उसमें नारगीकी भी कुछ फाँकें थीं। नेपालकी नारगी पहिले भी खाई थी, लेकिन इतनी मधुर और सुस्वादु नहीं। बीजका तो पता ही नहीं था, रेशे भी नदारद। अगूरोंके दाने बनारसी बेरोंके बराबर थे। मैंने पूछा—'ये अगूर कहाँके हैं?"

सुमेधने बतलाया—"यहाँसे चार कोसके फासले पर इसका बाग है।"

"क्या नेपालमें भी अगूर होता है।"

"बहुत। इसको तो सैकड़ों वर्ष हो गये। सारे बिहार, उडीसा, आधे बगाल, काशी और कोसल को यहींसे अगूर जाता है।"

अब जलपान समाप्त हो गया। सबने हाथ-मुँह धो, एक कमरेकी ओर मुँह किया। वहाँ बहुत-सी कुर्सियाँ पड़ी थीं। सुमेधने मुझे ले-जाकर एक आरामकुर्सीपर बैठाया। मैं तो मन-ही-मन कह रहा था कि ये लोग जरूर मुझे बीसवीं सदीका जगली समझते होंगे। और उसमें भी इन्होंने मुझे पत्त पहने भी देख लिया है। दूसरे, इनमेंसे किसीको दाढीका भी शौक नहीं है और मेरे रीछके-से बाल!

मैंने इन लोगोंको बागमें काम करते देखा था, इसलिए समझ बैठा था कि ये जरूर मजूर हैं। लेकिन अब उत्सुकता हुई कि पूछूँ, इन बागोंका मालिक कौन है? पर हिम्मत नहीं हुई।

३

वर्त्तमान जगत्

"आपकी बातें सुननेके लिए हम सभी बडे उत्सुक हैं।"

"आपसे ज्यादा आपकी बातें जाननेके लिए मैं उत्सुक हूँ। सुमेधजी, मेरी कहानी बहुत बड़ी नहीं है। उक्त गुफामें आनेसे पूर्व मैं बिहार प्रान्तके नालन्दामें रहता था। उस समय वहाँ एक विद्यालय था, जिसमें मैं पहले पढता-पढाता था।"

"ओ-हो! आप नालन्दा विद्यालयके अध्यापक विश्वबन्धु हैं! सचमुच हम कितने भाग्यशाली हैं कि आपके दर्शन कर सके! मैं भी तीन वर्षसे बीस की अवस्था तक आपके ही विद्यालयकी गोदमें पला हूँ। वहाँ के 'वसुबन्धु-भवनमें' मैंने आपकी प्रस्तर-मूर्त्ति भी देखी है।"

"तो हमारा प्यारा विद्यालय अब भी जीवित है!"

"जीवित ही नहीं, बल्कि आज उस विद्यालयके मुकाबलेमें संसारमें शायद ही कोई दूसरा विद्यालय हो। दर्शन, ज्योतिष, भाषा-विज्ञान, इतिहास और राजनीतिके लिए नालन्दा अद्वितीय है।"

मैं जिस समय नालन्दा विद्यालयके उत्कर्षको सुन रहा था, मेरे आनन्द की सीमा न थी, हृदयमें आनन्दका सिन्धु तरंगें मार रहा था। श्रोतागण भी इस परिचयसे बहुत प्रभावित दीख पड़े। सब-के-सब मेरी ओर एक ऐसी दृष्टि से देख रहे थे, जिसमें प्रेम और सम्मानका भाव था। अब मेरी ज्ञातव्य बातें उन्हें मालूम ही हो चुकी थीं। मैंने उनकी बात जाननेके लिए अपनी राम-कहानीका यों शीघ्र अन्त कर दिया—

"कोई तीस वर्ष तक विद्यालयकी सेवा करनेके बाद मैं उत्तराखंड घूमने आया। उस गुफामें, जो यहाँ से १२-१३ कोसपर है, पहुँचकर मुझे मूर्छा या नींद आ गई, और अब तक वहीं पड़ा रहा। बस, यही मेरी संक्षिप्त कथा है। अब आप लोग बतलायें, आपकी जन्मभूमि कौन-सी है, आपकी भाषा तो नेपाली नहीं मालूम होती?"

"अब उस नेपाली भाषाको तो आप कहीं बोली जाती न पायेंगे। हाँ, पुस्तकालयोंमें उसकी पुस्तकें अवश्य पाई जायँगी। अब सारे भारतवर्षमें एक ही भाषा बोली जाती है। हम सबका जन्म एक ही जगह नहीं हुआ है। यद्यपि मेरे पिताका जन्म काठमाडोका था, लेकिन नालन्दा विद्यालयमें शिक्षा समाप्त करनेपर उन्होंने गया जिलेके शाक-ग्रामको अपना कार्य्य-क्षेत्र बनाया। मेरा जन्म वहींका है। अभी मेरे पिता जीवित हैं और आज-कल माताके साथ हजारीबागके वृद्ध-ग्राममें रहते हैं। उनकी अवस्था सौ वर्षसे ऊपरकी है। इसी तरह यहाँ के हमारे सभी साथियोंके बारेमें समझिये। मेरी साथिन सुमित्राका [पासमें बैठी महिलाकी ओर संकेत करके] जन्म काशीका है,

किन्तु इनकी शिक्षा भी नालन्दा विद्यालयमें ही हुई है। विवाहके बाद हम दोनोंने यहीं काम करना निश्चित किया। साथी अर्जुनका जन्म लंकाके अनुराधपुरका है, किन्तु जब यह एक ही वर्षके थे, तो इनके माता-पिता बोध-गयामें आ बसे और इन्होंने भी नालन्दामें ही शिक्षा पाई। इनकी साथिन प्रतिभा काश्मीर की हैं, लेकिन शिक्षा इनकी उसी विद्यालयमें हुई है। इसी तरह यहाँ जितने साथी उपस्थित हैं, इनकी संख्या १०० है और इनके जन्म-स्थान भी एक सौसे कुछ ही कम होंगे। हमारे सेवग्राममें पाँच हजारकी आबादी है, जिसमें आधे स्त्री-पुरुष दूसरी जगहके हैं। बात यह है कि तीन सालकी उम्रमें ही लड़के शिक्षाके लिए विद्यालयमें चले जाते हैं और बीस वर्षकी अवस्थामें शिक्षा समाप्त होने पर उनमेंसे बहुत कम अपने जन्मके गाँवको लौटते हैं। जिनकी जिस विद्या और शिल्पकी ओर रुचि हुई, वे उसी तरहकी बस्तीमें जा बसते हैं।

"तो जान पड़ता है, अब सभी बातोंमें पुराने जमानेसे अन्तर हो गया है। अच्छा, यह तो बताओ, इस समय नेपालका राजा कौन है?"

"नेपालका राजा! 'राजा' शब्द तो अब पुस्तकोंकी ही शोभा बढाता है। अब राजा कहाँ?"

"अच्छा, ये बाग किसके हैं?"

"अब तो सभी चीजें राष्ट्रीय हैं, सिर्फ बाग क्या! यह घर, कुर्सी, पलग, लड़के, स्त्री-पुरुष सब राष्ट्रके हैं।"

"तो राष्ट्रका सचालन कैसे होता है?"

"हमीं लोगों द्वारा चुने गये पंचोंकी पचायतोंसे। ग्राम, जिला, प्रान्त, देश, अखिल भूमंडल सबका संचालन इसी तरह होता है।"

"क्या भूमंडलका एक ही राष्ट्र है?"

"हाँ, आज सौ वर्षसे। अच्छा, तो अब हमें आज्ञा दीजिए, हम लोग भी अपना बचा काम समाप्त कर आवें। (घड़ी देखकर) चार बज गये, पाँच बजे हम लोग यहाँ से चलेंगे। मैं अभी ग्रामणीको आपके मिलने की सूचना देता हूँ। शामको वहीं विश्राम करना होगा।"

"हाँ, आप लोग अपना काम करें। मैं मजेमें यहाँ बैठा हूँ।"

सुमेधके उठते ही सभी लोगोंने बागका रास्ता लिया। सुमेधने टेलीफोन की घंटी बजाई। जिसका उत्तर भी तुरन्त मिला। उन्होंने चुपकेसे, न जाने क्या, कहा। फिर कुछ सुनकर वह मुझसे बोले—हमारे ग्रामणी देवमित्र आपसे कुछ बात करना चाहते हैं। मैं तो अब कामपर जा रहा हूँ। यह कह वह भी कामपर चले गये। मैं 'रेडियो-फोनके' पास गया। वहाँ देखता हूँ, एक शीशेपर एक मनुष्यका प्रतिबिम्ब है। मैं चकित होकर देखने लगा। वह मेरा प्रतिबिम्ब तो है ही नहीं; साथ ही वहाँ कोई दूसरा आदमी भी नहीं; फिर यह कोई चित्र भी तो नहीं है। मैं स्तब्ध और चकित हो रहा था, इतने हीमें उस प्रतिबिम्बका होठ हिला और टेलिफोनसे आवाज आई—"स्वागतम्! मैं देवमित्र हूँ। अभी साथी सुमेधने आपके शुभागमनकी सूचना दी थी। सबसे बडा काम तो यह है कि अभी आपके चित्र और समाचारको पटना भेज रहा हूँ। वहाँ से छः बजेके भीतर-ही-भीतर सारे भूमडलमें आपका चित्र और समाचार पहुँच जायगा। आपके यहाँ आने पर मैं तो स्वागतके लिए हाजिर रहूँगा ही, इस समय आपको अधिक कष्ट नहीं देना चाहता। आप थके-माँदे होंगे—विश्राम करें।"

मैंने देवमित्रकी बातोंको यद्यपि आश्चर्यसे सुना, किन्तु मनको समाधान किया, यह सब विज्ञानके चमत्कार हैं। बहुत दिनके बाद चलनेसे सचमुच मेरे पैरोंमें थकावट मालूम होती थी, किन्तु निद्रा नहीं। अभी लेटनेका विचार कर ही रहा था, कि खुले किवाड से दूसरे कमरेमें देखा, एक आलमारीमें, और उसके पासके मेजपर कुछ किताबें हैं। मेरी उत्सुकताने मुझे पलगकी ओर कदम बढ़ाने न देकर उधर आकृष्ट किया। जाकर देखता हूँ, आलमारी में बहुत ही सुन्दर जिल्दोंसे सज्जित किताबें रखी हुई हैं। पासकी एक कुर्सीपर बैठकर, मैंने मेजसे एक किताब उठाकर देखी। किताबमें मामूलसे कुछ अधिक वजन मालूम हुआ। खोलकर देखा तो चाँदीके रंगके-से किसी धातुके पन्ने हैं। छपाई-सफाई अतीव सुन्दर। मेरे दिलमें इच्छा हुई, देखूँ, कहाँकी छपी है। देखनेपर ज्ञात हुआ, नालदा प्रेसमें २०२४ में छपी है। आज १०० वर्ष छपे हो गये, लेकिन देखनेसे मालूम होती है, बिलकुल अभी प्रेससे आई है! खोलनेपर, उसके पन्ने निहायत बारीक दीख पड़े। एक इञ्चमें प्रायः तीन

हजार पृष्ठ रहे होंगे। मुझे पग-पगपर वर्त्तमान जगतकी सभी घटनायें आश्चर्य-जनक मालूम होने लगीं। मैंने विचारा, पहले यह देखना चाहिये कि कौन-कौनसी पुस्तके हैं। मेजपर एक ओर मोटे अक्षरोंमें **सूचीपत्र** अंकित एक गुटका देखी। देखनेसे ज्ञात हुआ, इतिहास, वनस्पति-विज्ञान, साहित्य और भूगोल-सम्बन्धी यहाँ दो-सौ पुस्तके हैं। भाषाके विचारसे अधिकतर पुस्तकें हिन्दीकी थी। कुछ पुस्तकें सार्वभौम भाषामें भी थीं और एक-दो अंग्रेजीकी भी। मैंने जिसे उस समयके लिए सबसे उपयुक्त समझा, वह था—सार्वभौम राष्ट्र-संगठनका इतिहास। उसे उठाकर मैं कुर्सीपर जा बैठा। पुस्तककी छपाई आदि अद्वितीय थी। छपी भी इसी वर्षकी थी। लेखक नालन्दा-विद्यालयके एक इतिहासज्ञ, अध्यापक विश्वामित्र थे। मैंने विचारा, दो-ढाई हजार पृष्ठोंवाली इस पुस्तकका एक घंटेमें पढना मुश्किल है, अतः विषय-सूचीही देख लूँ।

सूची देखनेसे, १६२४के बादकी मोटी-मोटी बाते जो मालूम हुईं, वे यह हैं—ब्रिटिश छत्र-छायामें भारतको स्वराज्य १६४० तक, संयुक्त एशिया राष्ट्र १६६० तक, संयुक्त एशिया-अफ्रीका-आष्ट्रेलिया राष्ट्र २००० तक, संयुक्त यूरोप-अमेरिका राष्ट्र २०१० तक, भूमंडलका एक राष्ट्र २०२४ तक। मैंने कहा, देखूँ, आजकल अखिल भूमंडलका राष्ट्रपति कौन है। मैंने इसके लिए पुस्तकका अन्तिम अध्याय देखा; जिसमें नामोंके साथ उन व्यक्तियोंके चित्र, जन्मस्थान और शिक्षास्थान भी दिये गये थे। सम्पूर्ण भूमंडलके राष्ट्रपति अगले तीन वर्षोंके लिए श्री दत्त चुने गये हैं, जिनका जन्मस्थान भारत ही है। शिक्षा उन्होंने तक्षशिलामें पाई। अवस्था चौहत्तर वर्षकी है। प्रधान मंत्री ओहारा जापानी हैं। शिक्षा-मंत्रिणी मोनोलिन एक रूसी महिला, स्वास्थ्य-मंत्री डेविड अमेरिकावासी, इसी प्रकार और-और विभागोंके भी मंत्री भिन्न-भिन्न देशोंके लोग हैं। मैंने खूब गौर करके देखा, तो भी वहाँ सेना-मंत्री कोई नहीं दिखाई पड़ा। विचारमें आया, कदाचित् छापेकी भूलसे नाम छूट गया हो। भला ऐसा महत्त्वपूर्ण पद रिक्त कैसे रह सकता है? पीछे मैंने देश-देशकी राष्ट्र-सभाओंमें देखा, सभी जगह सेना-मंत्रीका अभाव था। मैंने अन्तकी शब्दसूची उलटकर देखी, जहाँ सेना, सेनापति, सेना-मंत्री शब्द आये

थे। उन पृष्ठोंके पढ़नेसे ज्ञात हुआ, २०२४ ई० हीमें प्राचीन ससारका यह महत्त्वपूर्ण पद उठा दिया गया। अब न तो सेना कहीं है, न सेनापति ही।

मैंने अभी इतना ही देख पाया था कि इतनेमें सभी लोग कामपरसे चले आये। आते ही सुमेधने मुझे चलनेके लिए कहा। मैं उठ खडा हुआ। मकानसे बाहर जानेपर, केवल किवाड लगाकर जब सबको ही चलते देखा, तो मैंने पूछा—

"क्या यहाँ कोई नहीं रहेगा?"

"काम क्या है?"

"चीजोंकी रखवालीके लिए; और नहीं तो मकानमें ताला ही लगा-चलते?"

"अनजान आदमीद्वारा भूल-चूकसे पुर्जा छू जानेके डरसे तालेको बिजलीके कारखानों में लगाते हैं। यहाँ किताबों के छूनेसे कौन मर जायगा? कोई जीव-जन्तु भीतर जाकर कोई चीज खराब न कर दे, इसके लिए दर्वाजे तो लगा ही दिये हैं।"

जानवरका नाम आते ही स्मरण आ गया, कि यहाँ तो पहले बहुत बन्दर थे; पूछा—

"अच्छा, यह तो मालूम हुआ कि अब चोरीकी सम्भावना नहीं है। परन्तु, यह तो बताओ, पहले यहाँ बहुतसे बन्दर रहते देखे थे, अब वे क्या हुए—एक भी नहीं दीख पड़ते?"

"आप यह सौ वर्षसे पूर्वकी बात पूछ रहे हैं। मैंने पुस्तकोंमें पढा है, पहले जिन-जिन स्थानोंपर बन्दर बहुत थे, फसलका नुकसान देखकर सरकारने बड़े यत्नसे पकड़-पकड़कर उनमेंसे बन्दरियोंको तो हजारों पिंजड़ोंवाले घरोंमें रख छोड़ा और बन्दरोंको एक टापूमें छोड़ दिया। इस प्रकार २०-२५ वर्षके अन्दर सारे बन्दर स्वयं नष्ट हो गये, क्योंकि उनकी सन्तान-वृद्धि रुक गई।"

"तो क्या अब बन्दर हैं ही नहीं?"

"कुछ हैं, जो प्राणि-विद्याके उपयोगके लिए बड़े-बड़े सग्रहालयोंमें रक्खे गये हैं, जहाँ उनकी संतति आवश्यकताके अनुसार बढाई जाती है। बन्दर

ही नहीं, और भी ऐसे अनेक जीव हैं, जो अब केवल संग्रहालयोंकी ही शोभा बढा रहे हैं, जिनको कि पहले लोग बड़े चावसे पालते थे।

मैंने स्मरण करके पूछा—"कुत्ते-बिल्ली तो ग्रामोंमें हैं न ?"

"नहीं, उनसे ग्रामको लाभ क्या ? उनकी जाति भी अब आप संग्रहा-लायोंहीमें पाइयेगा।"

मोटरें सड़कपर लगी दिखलाई पड़ीं, हमने भी बात करते-करते अपना-अपना स्थान ग्रहण किया। एक-एक मोटरमें बीस-बीस आदमियोंके बैठनेका खुला स्थान था। मैंने पूछा—तोड़े हुए फल कहाँ गये ?

"वे तो उसी समय तोड़े जाते और मोटरोंपर लादे जाते थे। आपके आनेके समय ज्ञात होता है मोटरें बोझ लेकर चली गई थीं। यहाँ देर तक रखकर सुखानेसे तो फलोंकी हानि होती, इसलिए स्टेशनपर जाते ही, उन्हें बर्फ लगी हुई गाड़ीमें रखकर माँगवाले स्थानोंपर भेज दिया भी गया होगा ?"

"तो आपके गाँवमें केवल फल ही पैदा होते हैं ?"

"हाँ केवल फल; उसमें भी सेबके बगीचे ही ज्यादा हैं। यही कारण है, कि हमारे ग्रामका नाम ही सेब-ग्राम पड़ गया है। हमारे यहाँसे १५ मील-पर नारंगी-ग्राम है, जहाँ नारंगीके ही बगीचे हैं। आपने पीछे बागमतीके उस पार केलोंका वन देखा होगा।"

"हाँ, देखा था।"

"वह कदली-ग्रामकी हदमें है। वहाँ प्रायः केले-ही-केले उत्पन्न होते हैं, हमारे ग्राममें थोड़ा नारंगीका भी बागीचा है। आपने जलपानमें जो केला खाया था, वह वहींका था।"

"मैंने सभी फलोंमें एक विशेष प्रकारका स्वाद और मिठास पाई। आकृति भी उनकी बड़ी देखी, क्या इसमें भी कोई बात है ?"

"हाँ अब वनस्पति-विज्ञान आपके समयसे बहुत उन्नत हो गया है। फलोंमें विचित्र रूप, रस, गन्ध, आकृति पैदा करना मनुष्यके हाथमें है।"

हमारा वार्तालाप जारी था। मोटरें सर्राटेके साथ आगे भागती जा रही थीं। दोनों ओर सडकके किनारे सेबोंके बगीचे थे। हमारी सड़क यद्यपि

कहीं-कहीं दस-बीस हाथ ऊँचे-नीचे चली जाती थी, किन्तु वह चढाई-उतराई ऐसी थोडी-थोड़ी थी, कि मालूम नहीं पडती थी। दाहिनी ओर बागमती थी और बॉई ओर पर्वत। बागमती कहीं-कहीं ४०० गज नीचे है, कहीं इससे कम; किन्तु बगीचा तट तक चला गया है। भूमि एक रस करदी गयी है। चट्टान, जो भूमिको ऊभड़-खाभड बनाती रहीं, यातो ढाँकदी गई हैं या तोड़कर गगामें फेंकदी गई हैं। मुझे मनुष्यकी इस शक्तिको देख आश्चर्य और आनन्द, दोनों होता था।

विचार करते-करते मेरे दिलमें आया, सेब-नारगीकी फसल सदा तो नहीं होती। दूसरे दिनोंमे ये लोग क्या काम करते होंगे? उत्तर पानेसे पहले ही आसपासके बागोंमें छोटे-छोटे फल लगे दिखाई पड़े। मैंने पूछा—"यह क्या दूसरी जाति के सेब हैं, जो इतने छोटे हैं?"

"जातिमें भेद तो अवश्य है, किन्तु कदमें नहीं। ये तो बढकर उनसे भी बड़े और लाल होते हैं, इनकी फसल अभी दो मासमें तैयार होगी। हमारे यहाँ फसल बराबर ही लगती और टूटती रहती है।"

अभी यह बात हो ही रही थी कि मोटरें रेलकी सडक पारकर गई। मैंने पूछा—"यह रेल कहाँ जाती है?"

"यह चन्द्रागढी होती हुई काठमाडो और वहाँसे और आगे बहुत दूर तक फैली हुई है।"

मैंने आश्चर्यसे पूछा—"क्या रेल इन पहाड़ोंपर चली गई। मैंने तो उस समय चन्द्रागढीपर बोझे ढोनेके लिए, 'रोप-लाइन' का प्रबन्ध होते देखा था। उस समय उसके लिए फर्पिंगके बिजली-घर से बिजलीके खम्मे गड़ गये थे।"

"अब तो फपिंगमें वैसा कोई बिजलीका कारखाना नहीं है। मैंने भी पढा है, पहले नेपालमें चन्द्र शमशेर नामका एक राजा था, उसने अपने देशको लाभ पहुँचानेकेलिए ही वहाँ एक बिजलीका कारखाना बनवाया था, किन्तु, आज डेढ़ सौ वर्षोंसे भी ऊपर हुए, वह बन्द कर दिया गया।"

"क्या मालूम है, क्यों बन्द कर दिया गया?"

"वहाँ आसपासके पहाड़ी झरनोंके पानीको एक तालाबमें जमा कर उससे बिजली तैयार की जाती थी, यद्यपि इससे कुछ बिजली तय्यार होती

थी, जो शायद उस समयके खर्च के लिए पर्याप्त भी समझी जाती हो, किन्तु झरनोंके पानीका इस प्रकार विनियोग करनेसे, फर्पिंगके आसपासके पर्वत सूखते चले गये। चन्द्रने अच्छे ही विचारसे इन दोनों कामोंको क्यों न किया हो—"

"दूसरा काम कौन-सा?"

"दूसरा काम पहाड़ों और आसपासके जंगलोंको काटकर खेत बनवा डालना।"

"उससे हानि क्या थी?"

"उससे भी पहाड़ धीरे-धीरे सूख चले—वृष्टि कम होने लगी। आखिर पचास वर्षके भीतर-ही-भीतर पानीके अभावसे उन खेतोंको छोड़कर लोगोंको भाग जाना पड़ा।"

"तो क्या उस कारखानेको बन्द करनेसे कुछ फायदा पहुँचा?"

"हाँ, बहुत। अगर आप अब जाकर देखें, तो फर्पिंगके आसपासके पर्वत रम्य उद्यानोंसे हरे-भरे मिलेंगे। चारों तरफ सेब, नास्पाती, अंगूर और अनारके बाग लहलहाते पायेंगे। ये सब फल वहाँ होते भी हैं बहुत बड़े और मीठे। इस तरह बगीचोंका जंगल लग जानेसे पहलेसे अब कई गुना ज्यादा लाभ है। पहाड़ फिर तर हो गये हैं; झरने भी बहुत हैं।"

"तब तो, सभी जगह भारी क्रान्ति हो गई! अच्छा, अब शायद आपका गाँव भी करीब है। वही मकान तो दिखाई दे रहे हैं?"

"हाँ, वही; किन्तु अभी तीन मील है—यही दस मिनटका रास्ता।"

"क्या आपने नेपालकी सैर की है?"

"हाँ, बहुत। मेरा वार्षिक विश्राम बहुधा वहाँ और तिब्बतकी सैर हीमें कटा है। मुझे तीस वर्ष यहाँ रहते हो गये। प्रति वर्ष दो मासका विश्राम मिलता है। मैंने १०-१२ छुट्टियाँ वहाँकी ही यात्रामें बिताई हैं। भौगोलिक और आर्थिक दृष्टिसे भी मैंने वहाँके विषयमें बहुत अध्ययन किया है।"

इस पुरुषकी इस प्रकारकी बातें सुनकर मुझे और भी आश्चर्य होता था। बीसवीं शताब्दीमें ऐसा पुरुष किसी अच्छे कालेजका प्रोफेसर होता। किन्तु आज यह सामान्य जनोंमें है। क्या विद्याकी कदर कम हो गई, या

विद्वत्ताका मान ऊँचा हो गया ? मैंने पूछा—"आपके इस इस ज्ञानसे औरों को भी कुछ लाभ पहुँचता है ?"

क्यों नहीं ! हमें ड्यूटी तो तीन घंटे ही बजानी होती है। बाकी समय मे करते ही क्या हैं ? मैंने कई बार अपने परिशीलित विषयपर यहाँ व्याख्यान दिये हैं, छुट्टियोंके समय दूसरे जनपदों और देशोंमें भी व्याख्यान दे आया हूँ। मासिक-पत्रोंमें भी चर्चा करता हूँ।"

"अच्छा, यह तो हुआ; भला यह तो बताओ, नेपाल क्या-क्या चीजें पैदा करता है ?"

"खनिज पदार्थों मे यहाँ ताँबा, लोहा और सीसा। अपने यहाँ काम चलानेकेलिए कोयला भी निकल आता था, किन्तु अब बिजलीका उपयोग अधिक होनेसे कोयले की उतनी बड़ी आवश्यकता नहीं रही। विदेह, मल्ल और कोसल तक यहाँ से बिजली जाती है और यह बिजली तैयार होती है कई नदियोंके जल-प्रपातसे। यह रेल भी उसी बिजलीसे चलाई जाती है। फिर उसीसे हमारी मोटरें चल रही हैं। इसके अतिरिक्त नेपाल मेवोंकी खान है। करोड़ों भेड़ें और बहुत-से कम्बलके कारखाने भी यहाँ हैं। आधेसे अधिक भारतवर्षको गर्म कपड़े नेपाल ही देता है।"

"तो ज्ञात होता है, यहाँ चावल-गेहूँ नहीं होता।"

"नहीं; ये सब चीज़ें और प्रान्तोंसे आती हैं। आज-कल जो वस्तु जहाँ अच्छी हो सकती है वही वहाँ पैदा की जाती है। प्रायः एक गाँव एक ही चीज पैदा करता भी है। वहाँ जरूरतकी दूसरी-दूसरी चीजे और जगहोंसे पहुँचती हैं।"

हम गाँवके पहले घरके पास पहुँच रहे थे। मैंने देखा, वही पुरुष, जिसके प्रतिबिम्बको मैंने टेलीफोनमें देखा था, मेरे स्वागतके लिए कुछ और आदमियोंके साथ खड़ा है। स्वागत हुआ।

मैंने देखा कि सभी स्त्री-पुरुष सुन्दर और स्वच्छ हैं। सड़कके किनारे सुन्दर मकानोंकी कतारें हैं। सभी मकान एक-से तथा बिना कोठेके हैं। मुझे यह एक बिलकुल नई दुनियाँ मालूम होने लगी। अभी मैं इन बातोंपर कुछ विचार ही रहा था, कि देवमित्रने मुझसे कहा—"इस रास्ते।"

मैं पीछे हो लिया। मेरे साथ वे सभी स्त्री-पुरुष भी शामिल थे। अब साढे पाँच बज चुके थे। जिस मकानकी ओर हम जा रहे थे, मैंने देखा, उस-पर मोटे अक्षरोंमें लिखा हुआ है—'अतिथि-विश्राम'। ग्रामणी महाशयने पहुँचते ही वहाँपर उपस्थित एक पुरुषसे पूछा—"साथी देव! कौन-सा कमरा आजके मेहमानके विश्रामके लिए ठीक हुआ है?"

देवने कहा—"यही पाँचवाँ कमरा तो।"

अभी कमरेके द्वारपर ही हम पहुँचे थे कि बगलवाले कमरेसे एक दूसरे सज्जन निकल आये, जिनकी अवस्था सत्तर और अस्सीके बीचकी होगी। उन्होंने भी स्वागत किया। अब हम लोग कमरेमें दाखिल हुए। ग्रामणी महाशयने कहा—

"इस समय हमलोग आपको अधिक कष्ट न देंगे। आप मार्गके थके-माँदे हैं। थोड़ी देर विश्राम करें। आठ बजे भोजन हो चुकनेपर आपके दर्शनके लिए उत्सुक सभी ग्रामवासी सस्थागारमें एकत्रित होंगे। मुझे तो आप जानते ही हैं। मैं आज-कल यहाँका ग्रामणी (ग्राम-सभाका सभापति) हूँ। ये दूसरे बीस साथी पुरुष और महिलायें ग्राम-सभाके सभ्य हैं। यह दूसरे अतिथि विश्वामित्र, नालन्दा विद्यालयमें इतिहासके अध्यापक हैं। कुछ ऐतिहासिक खोजके सम्बन्धमें तिब्बत गये थे, जहाँ से आज ही विमानसे यहाँ आये हैं। पीछे बात करनेपर आपको इनसे और बातोंकी जानकारी होगी। यह साथी देव हैं।"

थोड़ी ही देरमें और लोग मुझसे विदा माँगकर चले गये। देवने झट बिजलीकी रोशनी की, क्योंकि अब सूर्यास्त हो गया था। पहाडी सर्दी भीनी-भीनी लग रही थी। यद्यपि मार्गमें सुमेधने मुझे एक ऊनी लबादा दे दिया था, पर वह पर्याप्त नहीं था। देवने तापकको खोल दिया, और थोड़ी देर में कमरा गर्म हो गया। मैं एक कुर्सीपर बैठा और विश्वामित्रसे भी कहा कि यदि कोई अन्य आवश्यक कार्य न हो तो बैठ जाइये। वह दूसरी कुर्सीपर बैठ गये।

बागमें जो ऐतिहासिक ग्रंथ देखा था, उसके रचयिताके नामसे यद्यपि मुझे निश्चित-सा हो गया था, कि यह वही विश्वामित्र हैं; तो भी मैंने

पूछा—"क्या आप 'सार्वभौम राष्ट्रके संगठनका इतिहास'के लेखक अध्यापक विश्वामित्र हैं?"

उन्होंने नम्रता-पूर्वक कहा—"हाँ, वही।"

"तो मुझे आपकी मुलाकातसे बहुत प्रसन्नता हुई।"

"उससे कहीं अधिक मुझे हमारा नालन्दा-परिवार आपको सदा याद रखता है। आपने जो बीज वहाँ बोया था, उसे देखकर आज आप प्रसन्न होंगे। आपके और ग्रामणी महाशयके वार्तालापके बाद ही आपके शुभागमन की मुझे खबर लग गई थी। वहाँ सारा विद्यालय-परिवार बड़ा उत्सुक है। हमारे आचार्य वशिष्ठने अभी मुझसे कहा है कि, सबसे प्रथम आपके दर्शनों का अधिकारी नालन्दा-परिवार है।"

"आपने क्या टेलीफोन-द्वारा यह वृत्तान्त जाना है?"

"हाँ। अभी तो पुस्तकालयमें टेलीफोनपर बात ही कर रहा था। आप के इस जगह आनेका समाचार भी उन्हें मैंने दे दिया। उन्होंने कहा है, यदि कष्ट न हो, तो इसी समय वार्तालाप और दर्शन देनेके लिए कहें।"

"नहीं, कुछ नहीं। मुझे कुछ भी कष्ट नहीं है। कौन पैदल आया हूँ। चलो, चलें। यह मेरे लिए भी कम आनन्दका विषय नहीं है।" यह कह, हम दोनों उठकर पुस्तकालयमें गये। यहाँ सौ-डेढ़ सौ आदमियोंके बैठने लायक एक खुला हाल है। दो आलमारियाँ किताबोंकी हैं। बिजलीकी रोशनी जल रही है। बीचमें बड़े-बड़े मेज और बैठनेके लिए बहुत-सी कुर्सियाँ पड़ी हैं। विश्वामित्रने जाकर टेलीफोनमें घंटी दी। मैं वहाँ ही कुर्सीपर बैठ गया। वह कुछ क्षणके बाद मुझसे बोले—"हमारे, आचार्य आपकी प्रतीक्षामें खड़े हैं।"

मैंने जाकर देखा, शीशेमें एक वृद्ध पुरुषका प्रतिबिम्ब है। प्रतिबिम्बने होठ हिलाकर सिर झुकाया और टेलीफोनसे आवाज आई—'स्वागतम्'। मैंने भी शिर झुकाकर उत्तर दिया।

विश्वामित्रने कहा, यही हमारे आचार्य हैं। आप सत्तर वर्षसे विद्यालयकी सेवा कर रहे हैं, जिसमें बीस वर्षसे आप आचार्यके पदपर वर्तमान हैं।

मैंने कहा—"वशिष्ठजी, आपके मिलनेसे मुझे बहुत ही प्रसन्नता हुई।

वास्तवमें आप सब धन्य हैं, जो इस प्रकार अनवरत विद्या-दान द्वारा जगत् का उपकार कर रहे हैं।"

"यह हमारा कर्तव्य है।....हाँ, नालदा-परिवारकी ओरसे मेरी प्रार्थना है, कि अन्यत्र कहींका निमंत्रण स्वीकार करनेसे पूर्व, पहले अपने विद्यालयमें पधारें।"

"यह मेरी स्वयं ही इच्छा है, इसके विषयमें और कुछ कहना न होगा। मैं यहाँसे सीधे वहाँ ही आऊँगा।"

"अध्यापक विश्वामित्र आपकी सेवामें हैं ही, यही भी खुशीकी बात है। वह अब विद्यालयको लौट रहे हैं, उन्हींके साथ पधारें। आपका शरीर अत्यन्त कृश है। इसलिए हमारा यह आग्रह नहीं, कि आप तुरंत आवें।"

"अवश्य यहाँसे वहाँ ही आ रहा हूँ। सभी बालक-बालिकाओं, और अध्यापक-अध्यापिका-परिवारसे मेरी मंगल-कामना कहें।"

"यहाँ शब्दप्रसारकसे सभी सुन रहे हैं। अच्छा, तो अब आप विश्राम करें।"

इस वार्तालापने एक अद्भुत आनन्द मेरे हृदयमें पैदा कर दिया। मैं विश्वामित्रका हाथ पकड़े वहाँसे अपने कमरेमें आया। मैंने कहा—

"विश्वामित्र! मेरे समयके और अबके संसारमें बड़ा फर्क है। तुम तो इतिहासके अध्यापक ही हो—इन बातोंको जानते हो। किन्तु यह मुझे अधिक आश्चर्यमय इसलिए मालूम होता है, कि मैंने दो सौ वर्षोंके पूर्वका संसार इन्हीं आँखोंसे देखा था। मुझे वे बातें कलकी-सी दीख पड़ती हैं। उस समय समानताकी धीमी-सी आवाज उठी थी; किन्तु यह रूप-रेखा स्वप्नमें भी कहाँ मालूम होती थी! मैं आज ही तुम्हारे संसारमें आया हूँ। अभी तो मैंने इसका शतांश भी देख-समझ न आया। किन्तु, इतने हीमें आश्चर्य-समुद्रमें डूब रहा हूँ। मुझे यह देखकर प्रसन्नता हो रही है कि तुम्हारे संसारने आशातीत उन्नति की है।"

४
विद्यालयके विषयमें

"अच्छा, यह तो बताओ, नालन्दा विद्यालयकी इस समय क्या स्थिति है?"

"अब नालन्दा बहुत विशाल विद्यालय है। पुराने बड़गाँवसे राजगृह तक विद्यालयके ही भवन और छात्रालय चले गये हैं। सारे भूमंडल में दर्शन और इतिहासके लिए ऐसा दूसरा विद्यालय नहीं। वहाँ अध्ययनके लिए यूरोप, अमेरिका, जापान, अफ्रीका, आस्ट्रेलिया सभी जगहोंसे विद्यार्थी आते हैं। प्राचीन वस्तुओंका संसारमें सबसे बडा संग्रहालय यहींपर है। प्राचीन लिपियों और भाषाओंके पढने-पढानेका यहाँ सर्वोत्तम प्रबन्ध है। 'सार्वभौम संघ'की आज्ञासे, सिर्फ भारतकी इतिहास-विषयक सामग्री ही नहीं, बल्कि रोम, यवन, मिश्र, असुर कल्दान, मेक्सिको आदिके विषयकी कितनी ही सामग्रियाँ वहाँ संगृहीत हैं। नालन्दाको अभिमान है कि उसने अन्तर्राष्ट्रीय इतिहासके प्रस्तुत करनेमें बड़ी सहायता की है। दर्शनका अध्ययन नालन्दा-मे उत्तम रीतिसे होता है। नव्य, प्राचीन, पौरस्त्य, पाश्चात्य सभी दर्शनोंके अध्ययनका प्रबन्ध है। हमारे आचार्य दर्शनके महान् विद्वान् हैं। संस्कृत, पाली, जन्द, प्राकृत, यवनानी, लातीनी (रोमक) इत्यादि बहुत सी भाषाओंके वहाँ अध्यापक हैं। भाषाओंके अध्ययनमें अब सचमुच बड़ी क्रान्ति हो गई है। प्रत्येक भाषाके अध्ययन के उपयुक्त वातावरण बना हुआ है। विशेष-विशेष भाषाओंके जिज्ञासुओंको यहाँ रख कर एक प्रकारसे दूसरी भाषासे उनका नाता ही तुड़वा दिया जाता है। उनका सभी समालाप उसी भाषामें होता है। वस्तुओंका नाम आदि अध्यापकगण आकृति-प्रदर्शन पूर्वक उसी भाषामें बतलाते हैं। इस प्रकार तीन वर्षमें छात्रोंका उस भाषापर अधिकार हो जाता है। ज्योतिषशास्त्रका अध्ययन भी भारतमें सबसे अच्छा नालन्दामें होता है। राज-गृहके वैभार-गिरिपर यहाँ की महान् वेध-शाला है। ज्योतिष-साहित्यकी वृद्धिमें भी हमारे विद्यालय ने भाग लिया है। भारतके 'नालन्दा' और 'तक्षशिला'के विद्यालय भूमंडलके प्रमुख विद्यापीठोंमेंसे हैं।

'तक्षशिला' ने आयुर्वेद, वनस्पति, प्राणि आदि शास्त्रोंमें बड़ी कीर्ति अर्जित की है।"

"पठन-काल विद्यालयमें क्या है ! नियम तथा परीक्षा-क्रम कैसा है !"

"१७ वर्षका अध्ययन तो सबही के लिए अनिवार्य है। यह नियम भारतके ही नहीं, सारे भूमण्डलके विद्यालयोंके लिए एक-सा है। तीसरे वर्ष बालक बालोद्यानमें ले लिया जाता है। उसके बाद ६ वर्ष तक शिशु-कक्षा, ६ से १४ तक बाल-कक्षा और १४ से २० तक युवा-कक्षामें शिक्षा पाता है। साधारणतया यहीं पढाई समाप्त हो जाती है। इसके बाद लडके अपनी प्रवृत्ति और योग्यताके अनुसार भिन्न-भिन्न व्यवसायोंमें लग जाते हैं। किन्तु, जिनकी प्रवृत्ति विद्या-व्यवसायमें देखी जाती है, उन्हें अपने विषयमें योग्यता बढ़ानेका और भी अवसर दिया जाता है। यह समय प्रायः ४ से ६ वर्ष तकका है। किन्तु इसमें अवधि नहीं है। इसके बाद भी अध्ययन करते उन्हें आगे बढनेका पूर्ण अवसर प्राप्त है।

इस प्रकार अनेक विषयोंपर हमारा वार्तालाप चलता रहा। अभी बात चल ही रही थी कि आठ बजनेका समय हो गया। इसी बीचमें अतिथि-शालाकी श्री पद्मावतीने आकर अभिवादन कर लिया था, किन्तु हमारी गम्भीर बात छिड़ी देख वह और कुछ बोलना उचित न समझ, चली गई थीं। अब फिर उन्होंने आकर सूचित किया कि आठ बजनेवाले हैं भोजनका गोला दगनेवाला है। चलनेके लिए तैयार हो जाना चाहिए।

५

बीसवीं सदी

मैंने विश्वामित्रसे पूछा—"यह गोला क्यों दगता है ?"

"बात यह है, कि हर आदमी के पास घड़ी रखनेकी फजूल-खर्ची रखने उचित नहीं समझी। इसीलिए समयकी सूचना इस प्रकार दी जाती है। दिन-रातमें जलपान और भोजनके लिए चार समय हैं—सबेरे सात बजे पान-नाश, ग्यारह बजे दोपहरको मध्याह्न भोजन, तीन-साढे तीन बजे जलपान और

फिर रात्रिमें आठ बजे ब्यालू। इन चारों समयोंपर तथा प्रातः जागनेके समय तोपका गोला छोड़ा जाता है।"

"किन्तु, मैंने बागमें सुमेधजीके पास तो घड़ी देखी थी?"

"हाँ, बाहर कामपर जानेवालोंमें एक मुख्य पुरुषके पास घड़ी रहती है सबके पास नहीं। अच्छा, तो अब हमें चलना है। यह लीजिये, गोला भी—अररर-धम्।"

हमलोग जल्दी ही वहाँसे निकल पड़े। देव, पद्मावती और हम दोनों चार आदमी थे। सड़कपर चारों ओर चाँदनीकी भाँति बिजलीकी रोशनी फैल रही थी। सड़क प्रशस्त और स्वच्छ थी। उसके दोनों ओर एक समान पक्के मकानोंकी पंक्तियाँ थीं। हर एक मकानके सम्मुख सडक तक फूलोंके पौधे थे, जो अपनी शोभा और सुगन्धसे चलनेवालोंके चित्तको प्रफुल्लित कर रहे थे। प्रत्येक घरके सामने बराडा था, जो सौ-सौ घरोंके लिए एक ही था। विश्वामित्रजीने बताया कि प्रत्येक पुरुषके रहनेके लिए तीन-तीन कमरे हैं, जिनमें से सामनेवाला बैठकका कमरा उतना ही बड़ा है जितना कि वह कमरा, जिसमेंसे अभी हम आये हैं। इनमें दस कुर्सियाँ आसानीसे बिछाई जा सकती हैं। पीछेकी ओर चौड़ाईमें इससे ड्योढ़े, किन्तु लम्बाईमें आधे, दो कमरे हैं—एक सोनेके लिए, और दूसरा स्नानके लिए। यही तीनों कमरे मिलकर एक घर कहलाता है। ऐसे ही सौ घरोंकी एक श्रेणी है। हर श्रेणीके लिए एक-एक निर्वाचित प्रधान होते हैं, जो स्वय भी उसी श्रेणीके एक घरमें रहते हैं। मुझे पीछे मालूम हुआ, कि सुमेध ऐसी ही एक श्रेणीके प्रधान हैं। प्रत्येक श्रेणीका एक विस्तृत हाल होता है। जिसमें कुछ पुस्तकें, वाद्य तथा और मनोरंजनकी वस्तुयें रहती हैं। यहाँ ही टेलीफोन भी लगा रहता है। इस सेब-ग्राम में ऐसी पचीस श्रेणियाँ हैं।

नर-नारी सड़कपर आपसमें वार्तालाप करते चलते रहे थे। सबकी बातोंका लक्ष्य मेरी ही ओर दिखाई पडता था। मैंने हजारों नर-नारियों को मार्गमें देखा, किन्तु उनमें एक भी बच्चा नहीं दिखलाई पड़ा। मैंने समझ लिया, तीन वर्षके बाद तो बच्चे ले ही लिए जाते हैं। सर्दीके कारण छोटे बच्चोंको शायद इस समय साथ न ले जाते हों। अब मैंने पासके वृहद् भवन पर मोटे अक्षरोंमें

'भोजनागार' देखा। अपूर्व विद्युच्छटा चारों ओर छिटक रही थी। मकानमें प्रविष्ट होनेके लिए बहुत-से द्वार थे। प्रविष्ट होनेसे पहले लोगोंने बराडेमें गर्म जलके नलोंसे हाथ धो, लटकते रूमालोंसे हाथ पोंछे। फिर भीतर प्रविष्ट हुए। भोजन रखनेकी मेज-कुर्सियाँ वैसी ही थीं, जैसी कि बागमें देखी थीं। हाल बहुत ही लम्बा-चौड़ा था। उसमें पाँच सहस्र आदमी आरामसे बैठकर भोजन कर सकते थे। स्वच्छता और भीतरी सुन्दरता अपूर्व थी। रसोई-घर, ज्ञात होता है, उससे पृथक पीछेकी ओर था। मेरे वहाँ पहुँचनेके साथ ही ग्रामीण तथा अन्य पूर्व-परिचित पुरुष और महिलायें आ गई थीं। मुझे एक कुर्सीपर बैठाया गया। मेरी दाहिनी ओर देवामत्र और बाँई ओर विश्वामित्र थे। भोजन पहलेसे परोसकर तैयार रक्खा हुआ था। भोजन के पदार्थों में रोटी, मास और दो तरकारियाँ थीं। एक कटोरीमें हलवा भी था। साथ ही एक तस्तरीमें थोड़ा फल और एक गिलास जल। अभी आकर दो मिनट हमें बैठना पड़ा, तब घटा टनन्-टनन् हुआ, जिसपर देवमित्रने कहा, अब भोजन आरम्भ होना चाहिए। यह इतनी प्रतीक्षा इसीलिए की जाती है कि भोजन करने वाले सभी आ जायँ। मुझे वह भोजन-मडली बड़ी विचित्र मालूम होती थी। बीच-बीच में पुरुषोंके साथ स्त्रियाँ भी बैठी निस्सकोच भोजन कर रही थीं। मैंने अपने दिलमें कहा, बीसवीं शताब्दीके भारतीय ऐसा स्वप्न कब देख सकते थे। यद्यपि मैंने अभी पूछा नहीं था और देखनेमें शिक्षा, सभ्यता, शुद्धतामें सभी स्त्री-पुरुष उच्च वर्णकेसे ज्ञात होते थे, तो भी मेरे मनमें होता था, कि क्या ये सब ब्राह्मण-क्षत्रिय होंगे। कुछ तो मैंने पहले ही सुना था—अर्जुनके माता-पिता लका-निवासी थे। यद्यपि वेष-भूषा सबका एक-सा था, किन्तु बहुतसे स्त्री-पुरुष यूरोपवालोंकी भाँति गोरे मालूम होते थे। इन सब बातों में मेरे दिलमें निश्चित-सा हो गया कि 'एक वर्णमिदं सर्वम्'।

भोजन करके सब लोगोंने उठ-उठकर अपने-अपने द्वारसे निकल गर्म नलोंपर हाथ धोया। मुँह पोंछनेके बाद, अब सब लोग वहाँसे चले। ग्रामणीने पहले ही कहा था कि सस्थागारमें जमावड़ा होगा। अतः वहाँ ही को प्रस्थान किया गया। हाँ, एक बात यह भी देखी कि यद्यपि हाथ-मुँह सबने धोया

किन्तु जूतेको किसीने खोलकर पैर नहीं धोया और न दूसरे कपड़ोंको भी किसीने उतारा।

अब हम लोग वहाँसे सस्थागारको चले; यह भव्य भवन थोड़ी ही दूरपर था।

मकान बहुत ऊँचा, सुन्दर था—बाहरसे बिजलीकी रोशनी जगमगा रही थी। यहाँपर भी मोटे-मोटे प्रकाश अक्षरोंमें मुख्य द्वारपर 'सस्थागार' लिखा हुआ था। भीतर प्रविष्ट हुए।

देवमित्रने कहा—"जब तक सब लोग आ जाते हैं, तब तक आप रंगमचके पिछले कमरेमें बैठें।" जाकर अभी थोड़ी ही देर वहाँ बैठे होंगे कि इतनेमें रगमचसे घटीका शब्द हुआ, जिसे सुनकर ग्रामणीने चलनेका संकेत किया। मेरे पहुँचते ही मुझे देखकर सारी आँखें मेरी ओर हो गईं। 'सस्थागार'की आभ्यान्तरिक शोभा अत्यन्त मनोहारिणी थी। रंगमचपर तरह-तरहके रगीन चित्र विचित्र प्रखर विद्युत्प्रदीपोंका प्रकाश था। भवनकी छत बहुत ऊँची थी। बड़े-बड़े झरोखे लगे हुए थे। विद्युल्लताके प्रकाशसे रातका दिन हो रहा था। यद्यपि सर्दी पड़ रही थी, झरोखे और द्वार चारों ओर खुले थे, किन्तु अन्तर्हित तापकयत्रों की गर्मीसे भीतर किसी प्रकारकी सर्दी मालूम नहीं होती थी। दीवारों और छतोंपर भी बहुत अच्छे रग-बिरगे बेल-बूटे बने हुए थे। जहाँ-तहाँ महापुरुषोंके बड़े-बड़े चित्र लटक रहे थे, जिनमें विचारक कवि सभी प्रकारके पुरुष थे। कहीं बुद्ध थे, तो कहीं रूसो, कहीं मार्क्स तो कहीं एगेल्स, सुक्रात, प्लेटो, लेनिन, न्यूटन आदि अनक जगन्मान्य पुरुषोंके चित्र उस विस्तृत भवनमें शोभा दे रहे थे। बीच-बीचमें बहुत से सुभाषित टँगे थे।

मैंने जन-समाजकी ओर देखा, वहाँ न कोई कृश था, न मलिन। स्त्री पुरुष सब गद्दीदार बेंचोंके ऊपर बैठे थे। उस विस्तृत भवनमें पाँच सहस्र आदमी बैठे होंगे, तो भी पीछेकी ओरकी बेंचोंपर और भी आदमी आसानीसे बैठ सकते थे। इस भवनका उपयोग राजनैतिक, साहित्यिक सभी कामोंके लिए होता है। ग्राम-सभाकी बैठके यहाँ ही होती हैं। मनोरंजनार्थ, बाहरी या अपने यहाँके प्रवीण लोग संगीत और नाट्याभिनयसे यहीं सबको प्रसन्न

करते हैं। इतिहास, विज्ञान आदिपर व्याख्याताओंके व्याख्यान भी यहीं होते हैं। अनेक राष्ट्रीय तथा सामाजिक महोत्सव यहाँपर मनाये जाते हैं।

लोगोंके शान्त बैठते ही, देवमित्रने उठकर आजकी सभाका सभापति होनेके लिए श्री इस्माइलका नाम प्रस्तावित किया। प्रस्ताव करते समय उन्होंने कहा—"यद्यपि हम सबोंके लिए साथी इस्माइल हृदयसे परिचित हैं, किन्तु आजके अपने श्रद्धेय अतिथिकी जानकारीके लिए इतना कह देना आवश्यक मालूम होता है, कि साथी इस्माइल अनेक बार हमारे ग्रामके ग्रामणी, तथा नेपाल प्रजातंत्रके सभापति रह चुके हैं। यद्यपि आप साठ वर्षके ही हैं, किन्तु गुणोंसे हम सब उन्हें वृद्ध समझते हैं। एक बात और है, जो आजके हमारे अतिथिके सम्बन्धमें उनको समीपतर बनाती है। यही नहीं कि वह नालन्दा विद्यालयके पुत्र हैं, बल्कि हमारे अतिथिको महापुरुष शफीका नाम स्मरण होगा, आप उसी वैशाली-वासी महापुरुषके पौत्र हैं। आपकी गणना ससारके बड़े-बड़े राजनीति-विशारदोंमें है। हमारे प्रान्त, विशेषकर हमारे सेब-ग्रामको इनपर अभिमान है, जहाँपर कि शिक्षा-समाप्तिके बादसे ही आप रहते हैं।"

लोगोंने करतल-ध्वनि-पूर्वक प्रस्तावको स्वीकृत किया और इस्माइल उठे। वास्तवमें देखने मात्रसे उनके चेहरेपर महापुरुषका तेज झलकता था। यथार्थमें उनको ६० वर्षका युवक कहना चाहिये। इनको ही क्या, ६०-७० वर्षका अबका आदमी बीसवीं शताब्दीके ३५-४० वर्षके हृष्ट-पुष्ट आदमी-सा मालूम होता है। जैसे और बातोंमें आजके ससारने उन्नति की है वैसे ही इस बात मे भी। श्री इस्माइलने कहा—

"साथियो! अनेक ज्ञान-वयोवृद्धो के सम्मुख मुझे इस सेवाके लिए स्वीकार करनेका कारण आपकी निष्कारण दयाके सिवा और कुछ नहीं हो सकता। मैं तो ऐसे ही महापुरुषके शुभागमनका सन्देश पा आनन्दमें मस्त हो रहा था। मुझे गर्व है कि मैंने विद्या-द्वारा ही नालन्दामे जन्म नहीं लिया बल्कि मेरा जन्म भी वहींका है। पितामह, आप लोगोंको विदित है, पूरे डेढ सौ वर्षके होकर मरे थे। वे सुनाया करते थे कि कैसी कठिनाइयोंमें नालन्दाका

पुनरुद्धार किया गया। जबकि उनकी अवस्था पच्चीस वर्षकी थी, तभी उन्होंने विद्यालयके लिए अपना जीवनदान दिया, और अन्तमें वहीं अग्नि-समाधिस्थ भी हुए। वह कहते थे कि हमारे साथ अनेक महापुरुष उस समय नालन्दाकी सेवा करते थे। उस समय विद्यालयकी भूमिपर थोडी-थोडी दूरपर छोटे-छोटे ग्राम बसे हुए थे। विद्यालयके पुरातन भवनोंके ध्वसावशेष भीटों-जैसे थे। उस समय बुद्ध-पोखर आदिकी यह शोभा न थी। बड़गाँव नामका ऐक छोटा-सा ग्राम वहाँ था, जहाँ अब भी सूर्यका मन्दिर है। कार्तिककी सूर्य-षष्ठीका मेला अलबत्ता एक दिनका होता था, जिसमें महिलायें ही अधिक सम्मिलित हुआ करती थीं। आपको ज्ञात है, उस समय स्वार्थान्धताका साम्राज्य था। पुरुष स्त्रियोंकी शिक्षामें धर्मकी हानि समझते थे। हमारे मुसलमान भाइयोंने धर्मके नामसे स्त्रियोंको जकडबन्द किया, जिसकी देखा-देखी समस्त उत्तरीय भारत स्त्री-जातिका एकान्त कारागार हो गया था। यह बड़ी भारी कृपा समझिये, जो स्त्रियाँ उस मेलेमे धर्मके सम्बन्धसे जाने पाती थीं। यह तो सभीने सुना था कि आचार्य विश्वबन्धु ३० वर्ष तक विद्यालयकी सेवा करके उत्तराखडको चले गये; और तबसे कुछ पता नहीं लगा। किन्तु यह किसको आशा थी कि हम लोगोंका ऐसा सौभाग्य उदय होगा। आज तीन पीढ़ियाँ प्रतीक्षा करती चली गई। हम सब जब इन बातोंको सुनते थे, तो स्वप्न देखते थे—यदि महापुरुषका फिर दर्शन होता, यदि वह फिर पधारते, तो उन्हें अपने सिर-आँखोंपर रखते। हमलोगोंने स्त्रियोंके ऊपर वह अत्याचार होते जन्मसे ही नहीं देखे। हम लोगोंने तो जन्मसे मनुष्योंका ऊँच-नीच होनेके शब्द ही नहीं सुने। हमने तो धर्मके नामसे कट मरनेकी चर्चा भी न सुन पाई। किन्तु इतिहासमें आपने पढा है—आपके देशका मुख उज्वल करनवाले अध्यापक विश्वामित्र यहीं हैं। इतिहासोंमे अब जब हम लोग धर्मके नामपर मार-काट पढते हैं, तो हँसते हैं—वैसे ही हँसते हैं, जैसे एक राजाकी बातके कारण सहस्रों पुरुषोंको पतंगोंकी भाँति युद्ध-अग्निमें जलते सुनने पर। जिन्होंने उस अन्धकार-युगमें मनुष्य-जातिके कल्याणके लिए भगीरथ-प्रयत्न किया, वे धन्य हैं। आज महापुरुष विश्वबन्धुकी पवित्र मूर्ति हमारे मध्यमें है। (महापुरुषोंकी तस्वीरोंकी ओर इशारा करके) आज हम समझते हैं, ये सारे देवगण मूर्ति-

मान्, सजीव हमारे मध्यमें हैं। वास्तव में क्या हमारे हृदयका भाव, हमारा भक्ति-उद्गार वाणीद्वारा प्रकट किया जा सकता है!

"साथियो! हमारे गाँवका सबसे अधिक सौभाग्य है कि आप पहले यहीं पधारे। आज वस्तुतः अनिर्वचनीय आनन्दका समुद्र हमारे हृदयोंमें तरंगित हो रहा है। हम पूजनीय महात्माको किस प्रकार पूजें, किस प्रकार स्वागत करें, यह समझमें नहीं आता। ऐसे अपूर्व महापुरुषके लिए हमारे पास कौन-सा द्रव्य है? अधिक कुछ नहीं, सिर्फ इतना ही—महात्मन्! हम सब आपके कृतज्ञ हैं, आपके ऋणोंका हमसे परिशोध नहीं हो सकता। साथियो, यद्यपि हम सब लालायित हैं, कि आपके मुँहसे कुछ सुनें; किन्तु, यह लोभ हमारा बलात्कार होगा। दो सौ साठ वर्षका शरीर, उसमें भी दो सौ वर्षका लम्बा उपवास। अस्तु। अब मैं अधिक आप सबकी ओरसे महात्माकी सेवामें और क्या कह सकता हूँ, सिवाय इसके कि सत्पुरुष! हम आपके कृतज्ञ हैं, हम आपसे उऋण होने योग्य नहीं।"

मैंने यह सब कथन बडी सावधानीसे सुना। सुनते समय कितने ही अतीत-दृश्य मेरे मानस-नेत्रोंके सम्मुख आते-जाते थे। कथन-समाप्तिके बाद ही मैंने खड़े होकर कहा—

"बन्धुओ! मैं जो कुछ देख रहा हूँ, यही एक स्वप्न था, जिसको जागृतमें लानेके लिए लाखोंने अपना जीवन-सर्वस्व अर्पण किया। तुम समझ सकते हो, उस स्वप्नको जीते-जागते देखते हुए मेरे हृदयमें कैसा आनन्द होता होगा। अभी आजके जगत्का कितना अंश मैंने देख ही पाया है; किन्तु जो कुछ देखा है, वही क्या कम है? मान लो, आज मैं यदि १९२३ के किसी गाँवमें जाता, तो क्या यह सेव-ग्राम मिलता? आपका पाँच हजार की आबादीका यह गाँव है, ऐसे ही ग्रामोंकी उस समयकी अवस्था सुनाता हूँ। मिट्टीके कच्चे मकान, जिनमें कहीं-कहीं मकानकी मिट्टी गिर गई है। कहीं एक कोना खिसक पड़ा है। फूसकी छत और खपड़ैल टूटी-फूटी पड़ी हुई है। दस घरमें शायद दो घर ऐसे होंगे, जिनमें बरसातकी बूँदें भीतर न टपकती हों। जगह-जगह पतली-पतली गलियोंमें कूडा-कर्कट फेंका हुआ है, वहीं नाबदानका सड़ा पानी बह रहा है। लड़के वहीं पाखानेके लिए बैठ जाते हैं।

बरसातके दिनोंमें तो और भी सड-सड़ कर कीचड और दुर्गन्धकी भरमार हो जाती थी। बस्तीके चारों ओर लगे हुए खेत ही लोगोंके पाखाना जानेको जगहें थीं। कुत्ते जगह-जगह फिरते रहते थे। किसी प्रकार मुश्किलसे, जिस रास्तेसे गाड़ी जा सके, वही उस समयकी सड़क थी। आज-कल वे बैल-गाडियाँ और एक्के कहाँ हैं? प्राचीन वस्तुओंके सग्रहालयोंमें उन्हें आप लोगोंने देखा होगा। वही उस समयकी सवारी थी। धनी लोग अच्छे-अच्छे घोड़ों की गाडियाँ रखते थे। हाथी भी सवारीके लिए रखे जाते थे। अब तो आपके यहाँ, मोटर ही सवारीके लिए, मोटर ही लादनेके लिए, गाँवके सभी काम मोटर हीसे होते हैं। उस समय यह सभी काम आदमी या बैल-गाड़ी से होते थे। मैंने भी कई बार रात-रात भर बैलगाड़ी पर चढकर ८-१० कोसकी यात्रा पूरी की थी।

"हाँ, मैं उस ग्रामका वर्णन कर रहा था। बीच में गाँवकी उसी पतली सड़ककी दोनों बगल दूकानें होती थीं, जिनमें हलवाई बतासे और लड्डू बेचते थे, बजाज कपड़े, पसारी रग मसाले; कोई साग-तरकारी, कोई सूई-धागा, कोई नून-तेल। हफ्तेमें एक या दो दिन बड़े हाट लगते थे, जबकि आस-पासके गाँवोंसे आवश्यक चीजोंको खरीदनेके लिए ज्यादा आदमी आया करते थे। कोई पैसोंसे चीज़ें खरीदता था। कोई अनाजसे बदलता था। दूकानदार इस खरीद-बेंचसे कुछ प्राप्त कर अपना निर्वाह करते थे। लोगोंकी अवस्थाकी क्या पूछते हो? आप लोगोंको तो उस समयका बड़े-से-बडा धनिक भी देखता, तो देवता कहता। पाँच-छः वर्षके लड़के चार अगुल कपड़ेकी लँगोटी लगाये फिरा करते थे। कुछ धनिकोंको छोड़कर, साधारणतया सभी एक अँगोछा और धोतीहीसे काम चलाते थे। सो भी मैले-कुचैले, और बहुतोंके तो फटे चीथड़े। स्त्रियाँ भी एक-एक मैली साड़ियोंसे गुजारा करती थीं, जिन्हें चिथड़े-चीथड़े हो जानेपर भी पेवद लगाकर पहनती ही जाती थीं। मैंने बुन्देलखण्डमें ऐसी अनेक स्त्रियाँ देखी थीं, जिनका लहँगा एकदम जर्जर हो गया था और घिरावेकी चुनावटके कारण ही आर-पार दिखाई नहीं पड़ता था; अन्यथा शायद ही कहीं एक अंगुल साबित कपडा हो। वे क्या करें, गरीबी ही ऐसी थी।

"फिर अत्याचार कैसा ? स्त्रियोंका जूता पहनना उस समय बहुत-सी जातियोंमे एक तो पाप समझा जाता था; दूसरे, पहननेके लिए नसीब भी कहाँसे होता। जाड़ेके दिनोंमें फटे चीथडोंको सीकर, अगर किसीने एक गुदड़ी बना पाई, तो समझ जाओ, उसने बड़ा ऐश्वर्य पा लिया। पुवाल बिछाकर लड़के बाले सब उसी गुदडीके नीचे दबकर सो जाते थे। सोनेके लिए चारपाइयाँ सबको नसीब न थीं। कपडोंकी तङ्गीसे बहुतोंको जाडा भी पुवाल ओढकर काटना पड़ता था। लकड़ियाँ कहाँ नसीब थीं कि आग तापते ? यदि घास-फूस इकट्ठा कर पाया, तो बड़ी प्रसन्नतासे उसके किनारे बैठकर परिवारने थोडी देर धुआँ लिया।

"मुझे खूब याद है। एक समय मैं जाड़ेके दिनोंमे बहुत सबेरे ही रास्तेसे जा रहा था। उसी रास्तेपर फटी-पुरानी, मैली-कुचैली साड़ी पहने एक बुढिया सूपमें कुछ लिये आ रही थी। उसके पीछे-पीछे दो लड़के चार-पाँच वर्षके थे। उनमेंसे बड़ेके पास एक लँगोटी थी, छोटेके बदनपर एक सूत भी नहीं था। माघ-पूसका जाड़ा पड़ रहा था। सर्दीके मारे दोनों बच्चे ठिठुरे जा रहे थे। उन्होंने अपनी मुट्ठियोंको खूब कडी बाँधकर कमर झुका ली थी। ऐसे लड़के एक-दो नहीं, लाखों उस समय भारतमें थे।

"सड़ा-गला, खराब अन्न भी उस समय करोडों आदमियोंको पेट भर न मिलता था। कितने ही लोग पेटके लिए गाँव-गाँव भीख माँगते फिरते थे। मैंने अपनी आँखोंसे अनेक स्थानोंपर ऐसे लड़कों और आदमियोंको देखा था जोकि, फेंके जाते जूठे टुकडोंको कुत्तोंके मुँहसे छीनकर खा जाते थे। यह बात नहीं कि लोग परिश्रमसे घबराते थे। दो-चार चाहे वैसे भी हों, किन्तु अधिकतर ऐसे थे, जो रातके चार बजेसे फिर रातके आठ-आठ दस-दस बजे तक भूखे-प्यासे खेतों, दूकानों, कारखानोंमें काम करते थे, फिर भी उनके लिए पेट-भर अन्न और तनके लिए अत्यावश्यक मोटे-झोटे वस्त्र तक मुयस्सर न होते थे। बीमार पड़ जानेपर उनकी और आफत थी। एक तरफ बीमारीकी मार, दूसरी ओर औषध और वैद्यका अभाव, और तिसपर खानेका कहीं ठिकाना न था। १९१८ के दिसम्बरका समय था, जब कि सिर्फ इन्फ्लुयेंजाकी एक बीमारीमें, और सो भी ४-५ सप्ताहके अन्दर, ६० लाख आदमी भारतवर्षमें मर गये।

मरनेवाले अधिकतर गरीब थे, जिनके पास न सर्दीसे बचनेके लिए कपड़ा था, न पथ्यके लिए अन्न न दवाके लिए दाम था, न रहनेके लिए साफ़ मकान। वह पशु-जीवन नहीं, नरकका जीवन था। आदमी कुत्ते-बिल्लीकी मौत मरते थे। मुझे आज-कलकी भाषा-परिभाषाका बोध नहीं, अतः उसी पुरानी भाषा हीमें बोल रहा हूँ। सम्भव है, आप लोगोंको कहीं-कहीं समझनेमें कठिनाई हो।

"महिलाओ और सज्जनो! जिस समय देशके अधिकांश मनुष्य इस प्रकारका जीवन व्यतीत कर रहे थे उस समय बहुत थोड़े आदमी थे, जो इनसे कुछ अच्छी दशामें थे; जिन्हें उस समयकी परिभाषामें खाता पीता कहते थे। हाँ, अँगुलियोंपर गिनने लायक ऐसे आदमियोंका भी समूह था, जिन्हें सब प्रकारके भोग सुलभ थे। ये लोग धनिक थे और नवाब, राजा, बाबू, तालुकेदार, बड़े-बड़े जमींदार, सेठ-साहूकार, महाजन, कारखानेदार के नामोंसे पुकारे जाते थे। यद्यपि एकाध उनमेंसे कोई निकल आते थे, जिन्हें उपरोक्त दुखियोंका कष्ट प्रभावित करता था। परन्तु ऐसोंकी संख्या नहींके बराबर थी। धनी लोग बड़े-बड़े महलोंमें रहते थे, जो दो-महले चौ-महले पंच-महले होते थे। उन्हें केवल अपने शरीरकी सेवाके लिए बहुत-से स्त्री-पुरुष परिचारकोंकी आवश्यकता थी। कितने ही राजाओंके पास तो दो-दो तीन-तीन सौ लौंडियाँ थीं; दो-दो, चार-चार सौ स्त्रियोंसे उनका रनिवास भरा रहता था। इसपर भी ये लोग धर्म-धुरन्धर कहे जाते थे। किसीकी इज्जत बिगाड़ देना, किसीका स्वत्व अपहरण कर लेना, इनके इशारोंका काम था। जब ये चलते थे, तो इनके आगे-पीछे सैकड़ों आदमी इनकी शरीररक्षाके लिए चलते थे। कितने तो पालकियोंपर चलते थे, जिन्हें आदमी ही ढोते थे। गाली तो सदैव इनके मुखारविन्दोंकी शोभा थी। जरा-जरा बातमें अपने आदमियोंका वह उसीसे सत्कार किया करते थे। आप सो रहे हैं—दूसरे उनके पैर दबा रहे हैं, पंखे झल रहे हैं। ये लोग अपने हाथसे कोई भी काम करना अप्रतिष्ठा-जनक समझते थे। एक आदमीके लिए कितनी ही मोटरें, घोड़े-गाड़ियाँ, टमटम, सवारीके घोड़े, हाथी रहते थे। उनमेंसे बहुत तो दिन-रात शराब, भङ्ग, अफीम के नशोंमें मस्त रहते थे। स्वयं परिश्रम कुछ भी न करते

हुए, दूसरेकी मिहनतकी कमाईमें आग लगाना ये लोग खूब जानते थे। दूसरे के जखम पर 'सी' करनेवाले तो कम, पर नमक लगानेवाले अधिक थे। सिर्फ अपने एक शरीरके खाने कपड़ेपर ये लोग कितना खर्च करते थे, उतने से हजार आदमी सानन्द जीवन व्यतीत कर सकते थे। इनको अकेले रहनेके लिए, सैकड़ों आदमियोंके रहने लायक मकान होते थे। सबसे असह्य बात तो यह थी कि दुराचार, और अत्याचार की साकार मूर्ति होनेपर भी, ये लोग धर्मके स्वरूप बनकर संसारमें ध्रुव-पद ग्रहण करना चाहते थे, जिसमें कुछने यदि सफलता पाई हो, तो भी सन्देह नहीं। वह अपने सामने मनुष्यताका मूल्य नहीं समझते थे। इनका जादू न्यायाधीश, धर्माध्यक्ष पडित-मौलवी-पादरी, सभीपर था। सभी इनकी 'हाँ-में-हाँ' मिलाते तथा इनके लाभकी बातके लिए अपने-अपने ग्रन्थों से प्रमाण देनेको तत्पर थे। पडित कहते—"धनी-गरीब, राजा-प्रजा अपने-अपने पूर्व जन्मकी कमाईसे होते हैं। यह सनातनसे चला आया है। यही भगवान् की इच्छा है। वेद-पुराण सब इसके साक्षी हैं।" मौलवी कहते थे—"खुदाने दुनियाकी भलाई हीके लिए अमीर-गरीब, बादशाह-रैयत बनाया, नहीं तो दुनियाका काम कैसे चलता? सारे रसूल, पैगम्बर इस बातके कायल और अपनी किस्मतपर सन्तुष्ट थे। बादशाह और मालिकपर खुदाका साया है।" ऐसे ही सभी एक ही सुरमें अलापते थे। असल बात तो यह थी कि लाखों परिश्रमी दीनोंका भाग छीनकर धनी लोग अकेले ही सब न खाकर कुछ टुकड़े इन लोगोंको भी फेंक देते थे, जिनपर ये लोग हाँ-में-हाँ मिलाना अपना कर्त्तव्य समझते थे। धन्यवाद है कि अब वह जादू उतर गया।

"अब तो आप सबको यह बातें सुन-सुनकर आश्चर्य होता होगा—क्या वे लाखों आदमी सचमुच भेड़ थे, जिन्हें एक धनी अपनी अंगुलीके इशारेपर नचाता था! यदि लोग जरा भी अपनी बुद्धिसे काम लेते तो क्यों गुलामीमें पड़े रहते? सचमुच आज यह तर्क बहुत सरल है, किन्तु उस समय यह सोचना असम्भव मालूम होता था—शेख-चिल्लीका महल कहलाता था। आजकी अवस्थाके शतांशका भी विचार रखनेवाले उस समय पागल, खब्ती, अधर्मी, मनुष्यताके शत्रु समझे जाते थे। शिक्षा लाभ करके प्रत्येक आदमी

उसी धनिक श्रेणीका बनना चाहता था, चाहे हजारमें कोई एक ही हो पाता हो। इस प्रकार शिक्षित और धनिक तो इस तत्वकी ओर ध्यान न देते थे और गरीब इसे असम्भव समझते थे। वह अपने ही कमजोर ख्यालोंसे इस प्रकार जकड़े हुए थे कि सचमुच उन्हें ऐसा होना असम्भव मालूम पड़ता था। आप कहेंगे—कैसी मूर्खता है। अपनी मिहनतकी कमाई दूसरेको खाने न देकर हमी खायेंगे, इतनी बात समझना कौन कठिन था? किन्तु, उनके लिए तो यही लोहे का चना था। उधर धनी लोगोंकी ओरसे कहा जाता था—ऐसा होनेसे धर्म नहीं रहेगा; जाति-मर्यादा चली जायगी, कलयुग आयगा। अभाग्यवश श्रमजीवी लोग भी अनेक ऊँच-नीच श्रेणियोंमें विभक्त थे। बिहारका ब्राह्मण श्रमजीवी कहता था—गरीब हैं तो क्या, खानेको नहीं मिलता तो क्या, किन्तु चमार, अहीर, राजपूत 'पा-लगी' तो करते हैं—'महाराज' तो बोलते हैं? भला चमार, अहीर हमारे बराबर हो जायेंगे? सचमुच बड़ा अधर्म होगा! भूखा मरना अच्छा; अपनी कमाई दूसरा खाय, वह भी अच्छा; किन्तु चमारको अपने ही ऐसा मनुष्य समझना ठीक नहीं। ऐसे ही, अपनेसे ऊँची जातिके पठान-सैयदके अभिमान को, चाहे गाँवका मोमिन जुलाहा दिलसे न अच्छा समझता हो, किन्तु, अपनेसे गिने नीचे जानेवाले भंगीको अपने बराबर होने देना उसे भी अभीष्ट न था।

"अब अन्त में, आपलोगोंके वर्तमान ध्येयके विषयमें कुछ कह कर मैं अपना वक्तव्य समाप्त करता हूँ। सबसे प्रथम तो यह कि यह न समझ बैठो कि हम अब अन्तिम स्थानपर आ गये; अब हमारी सभी बातें पूर्ण हैं, अब हममें कोई त्रुटि नहीं। जिस समय यह विचार आ जायेगा, उसी समयसे आप पीछेकी ओर खिसकने लगेंगे—आपका ह्रास होने लगेगा। मनुष्य कहाँ तक उन्नति कर सकेगा, यह असीम है। जिस प्रकार कुछ दिनों-पूर्व ज्योतिषमे अति दूर एक सितारा आविष्कृत हुआ था, आगे उससे भी दूर दूसरा मिला है; उसी प्रकार, लाखों वर्षों तक दूर-से-दूर सितारोंका पता दूरबीनों और फोटो-चित्रोंसे लगता जायगा। वैसे ही हमारी उन्नति, हमारे संशोधनका क्षेत्र अनन्त दूर तक विस्तृत है। दूसरी बात ज्ञानकी वृद्धि है। इसमें सन्देह नहीं, उस समय शिक्षामें जो उच्चता की अवधि थी, अब वहींसे उसका आरम्भ है।

आपका समाज बहुत सुशिक्षित, और सभ्य है; किन्तु आप उन्नति करके आजके अन्तको कलका आरम्भ बना सकते हैं। आपके उत्तराधिकारियोंको भी ऐसा अधिकार है। यह बड़े आनन्दकी बात है कि आज विद्या सारे मानवके हितके लिए पढी जा सकती है। आज विद्याका वह पारितोषिक नहीं, मूल्य नहीं जो दो शताब्दियों-पूर्व रखा जाता था। आजकी सभी समृद्धिका मूल वही ज्ञान—वही विद्या—है, जिसकी कमीके कारण पहिले लोग मनुष्यतासे गिर गये थे। इसकी वृद्धिमें उपेक्षा और इसके प्रचारमें असावधानी होना सभी खराबियोंकी जड़ है। उन्नतिकी आकांक्षा और ज्ञानका अधिक-से-अधिक प्रसार यही दो मूल बातें हैं; जिनसे आपने अब तक उन्नति की है और आगे भी इसके लिए असीम क्षेत्र पड़ा हुआ है। मैं आपके प्रेममय भावसे अत्यन्त सन्तुष्ट हूँ। और बस।"

मेरे व्याख्यानकी समाप्तिपर साथी इस्माइलने एक बार उठकर फिर मुझे धन्यवाद दे, सभा विसर्जित की। मैं विश्वामित्र, इस्माइल, देवमित्र, इस्माइलकी पत्नी प्रियम्बदा, तथा दूसरे सज्जनोंके साथ विश्राम-स्थानपर आया। रात्रिके दस बज चुके थे, मैंने उनकी सूचना और प्रार्थनाके उत्तर में संक्षेप मे कहा—कल-परसों और चौथे दिन मैं यहाँ ही रहकर आस-पासका तथा आपके ग्रामका अध्ययन करूँगा। इसके बाद अध्यापक विश्वामित्रके साथ यहाँसे सीधे नालन्दा जाऊँगा। वहाँसे भारतके प्रधान-प्रधान स्थानोंकी स्थितिका अध्ययन करके फिर कहीं बाहर कदम रखूँगा। आप सार्वभौम सघपति श्रीदत्तको भी इसकी सूचना दे दें। देवमित्रने कहा आपके साथ, साथी इस्माइल और साथिन प्रियम्बदा भी बराबर रहेंगी, और यहाँकी बातोंके समझनेमें सहायता पहुँचायेंगी। मैंने इसकेलिए कृतज्ञता प्रकट की। इसके बाद सब लोग अपने-अपने स्थानको चले गये। विदा होते समय इस्माइलजीने भी सलाम नहीं किया। मुझे पहले हीसे इन लोगोंके मजहबसे दूर हो जानेकी झलक दिखलाई पड़ती थी, और पूछनेकी इच्छा होती थी। अब वह इच्छा और बलवती हो गई। विश्वामित्र पास ही बैठे थे। मैंने पूछा—

"विश्वामित्र! यद्यपि मैंने लोगोंके नाम हिंदू मुसलमान जैसे सुने; किन्तु,

उनकी पोशाक, बात-चीत, सलाम-दुआमें कोई फरक नहीं मिलता, क्या सभी मजहब मिल गये ?"

"मिल नहीं गये; प्रगति-विरोधी इन मजहबोंको हमने निकाल फेंका। नामोंमें भी बहुत परिवर्तन है, तो भी लोग जैसी इच्छा होती है वैसा नाम रख लेते हैं।"

"और भाषा ? इस समय सारे भारतकी मातृभाषा 'भारती' है। जिसे आपके समयकी हिन्दी-उर्दू की प्रतिनिधि कहना चाहिये। यही एक भाषा सर्वत्र बोली जाती है, लिपि भी नागरी है। अब भाषाकी कठिनाइयाँ नहीं हैं। भिन्न-भिन्न प्रान्तोंमें साहित्यक-धार्मिक जिज्ञासासे दूसरी भी भाषायें पढी जाती है; किन्तु है 'भारती' भाषा ही सर्वे-सर्वा। चाहे किसी भी प्रान्तका भारतीय क्यों न हो, उसकी भाषा भारती होगी। अब पुराने पक्षपात तो रहे नहीं, इसलिये सबके भाषा, भाव, भेस एक हो गये हैं।"

मैंने अब अधिक देर तकविलम्ब करना उचित नहीं समझा। समय की व्यवस्थाओं से मुझे अनुमान हो गया था कि शयन आदिका भी अवश्य कोई नियम होगा। विश्वामित्र भी अपने कमरेमें सोने चले गये। मैं भी अपने पिछले सोनेवाले कमरेमें पलंगपर जा लेटा। अभी मेरी आँखों में नींद नहीं थी। सामने दीवारसे लगा हुआ बिजलीका शुंडाकार प्रदीप अपना प्रकाश फैला रहा था। तापक मकानको गर्म किये हुए था और वहाँ सर्दीका नाम न था। आज पष्ठी तिथि मालूम होती थी। चन्द्रमा अभी वृक्षोंके शिखरसे मेरी कोठरीमें झाँकने लगा है। सामनेका पर्वत कुछ दूर है। चाँदनी चारों ओर छिटकी हुई है। रात्रि स्तब्ध है। मेरे बिस्तरेपर आनेके साथ ही रेलका घरघराना सुनाई दिया था। रात्रिकी इस नीरवता में, एक-एक करके आजके प्रत्येक दृश्यकी फिर एक-एक बार आवृत्ति होने लगी। साथ ही मनने सब पर एक-एक स्वतन्त्र टिप्पणी भी करनी आरम्भ कर दी। स्त्री-जातिकी स्वतन्त्रताका दृश्य सम्मुख आते ही कहा—तब तो एक-एक हाथके घूँघट और बुर्कों की बोरा-बदी अब काहेको दिखाई देने लगी ? अब दो बीस, चार बीस करके गिननेवाली स्त्रियाँ कहाँ मिलेंगी ? अब, लड़कोंके पूछनेपर, चन्द्रमाके धब्बे, तारा, आकाश-गंगाकी विचित्र कथा सुनानेवाली मातायें

कहाँ मिलेंगी ? बनियोंका ख्याल आते ही सोचा—तो अब राजाबहादुर, महाराजाबहादुर, रायबहादुर, खानबहादुर, नवाबबहादुर होनेके लिए कोई न मरता होगा। अब इन पदोंके दाता-प्रतिग्रहीता भूमण्डलसे सदाके लिए विदा हो गये। आजके गाँवका दृश्य सम्मुख आते ही पुराने गाँवका चित्र दिलसे भागने लगा। शायद इसीलिए कि आसानीसे उसका ज्ञान न हो जाय। मैंने भी मनसे कह दिया—तो इसकी पर्वाह क्या, तुम न दिखलाओगे, तो जादू-घरमें देखनेसे तो रोक न सकोगे ?

एक-एक करके सब टिप्पणियाँ समाप्त हुईं। इसी बीच ग्यारह बजने का घण्टा भी बज गया। मैंने कहा, अब बारह भी थोड़ी देरमें बजेगा, कलके कर्त्तव्यका थोडा-सा विचार करके सो जाना अच्छा है। सोचा—सेब-ग्रामकी बागोंकी बातें तो देख-सुन लीं। घरों और श्रेणियोंकी भी बात मालूम हो गई। सस्थागार-भोजनागार भी देख ही लिया। सुमेधने कहा था कि तीन वर्षके होते ही बालक विद्यालयोंमें भेज दिये जाते हैं। देखना है कि तीन वर्ष तकके बालक कैसे रहते हैं, चिकित्सालय भी देखना है, गाँवकी सफाई आदिकी बातें जाननी हैं; यही मुख्य बातें हैं। इस्माइल और विश्वामित्र दोनों ही विस्तृत अनुभववाले पुरुष हैं। इनके साथ सबका देखना और भी अच्छा होगा। इस प्रकार विचार कर मैंने आज निद्रा-देवीकी गोद में विश्राम लिया।

६

ग्राम-और ग्रामीण

पाँच बजनेसे पहले ही मेरी नींद खुल गई थी। मैं उठकर उस समय खिड़कीसे आकाशकी ओर देख रहा था। चारों ओर तारे बिखरे हुए थे। चन्द्रमा मेरे सम्मुख नहीं था, किन्तु चाँदनी नज़र आती थी। चाँदनीमें खिड़कीके बाहर लताओं पर लदे हुए फूल खूब दिखाई पड़ते थे। गुलाबकी भीनी-भीनी सुगन्ध दबे-पाँव मेरे कमरेमें आ रही थी। अभी दस-पाँच मिनट ही बीते होंगे, कि गोलेकी आवाज हुई। पाँच बज गये। थोड़ी ही देरमें देव

भी आ गये। उन्होंने पहले झाँककर देखा; जब मुझे बैठा पाया, तो भीतर आये। पूछा—क्या स्नान अभी होगा; यदि अभी, तो क्या यहीं घरके नलपर स्नान-पात्रमें, या स्नानागार के गर्म-कुंड में!

मैंने कहा, मै यहीं स्नान कर लूँगा। कल तो मुझे शौचकी आकांक्षा ही नहीं हुई थी। अब देवने बतलाया कि पीछेकी ओर वह पाखाना है। और प्रत्येक घरका अलग-अलग पाखाना है जिसमें नल लगा हुआ है। पाखाना हो लेने पर नल घुमा देनेसे पानीकी बड़ी तेज धारा आती है मलको नलोंके द्वारा बहा ले जाती है। पीछे यह भी मालूम हुआ कि पाखानों-पर भंगी नहीं रखे हुए हैं। भंगी तो अब कोई जाति ही नहीं है। हाँ, नल बिगड़ जानेपर कोई भी आदमी, जो नलोंके सुधारनेपर नियुक्त है, उसे ठीक कर देता है। सारे गाँवका मैला बड़े-बड़े नलों-द्वारा दो-तीन कोसकी दूरीपर जाता है। वहाँपर बड़े-बड़े गड्ढे, कलों-द्वारा खोदे हुए तैयार रहते हैं। मिट्टी नीचे भी खुदी, और बाकी आस-पास लगी रहती है। इधर मैला गिरता जाता है, और उधर मशीन मिट्टी उसपर फेंकती जाती है। मशीनें बिजलीके जोरसे चलती हैं और चलानेवाले भी दूर रहते हैं। यद्यपि मिट्टीसे ढँके रहने तथा खुली हवासे मैलेका सम्पर्क न होनेसे, वहाँ दुर्गन्ध नहीं मालूम होती, तो भी सचालक लोग मशीनोंके बिगड़ जानेपर वहाँ जाते हैं। एक गड्ढेके भर जानेपर पहलेसे दूसरा गड्ढा तैयार रहता है। इसी तरह एक भरा गड्ढा चार वर्ष तक बन्द छोड़ दिया जाता है। पीछे खोदकर, उसमें और कुछ रासायनिक पदार्थ मिलाकर, वह वृक्षोंमें खादकी भाँति उपयुक्त होता है।

मैं अपने बिस्तरेसे झट उठ खड़ा हुआ। पहले शौच गया। पाखाना स्वच्छ था—वह पाखाने-सा मालूम ही नहीं होता था। अभी मैं मकानकी पिछली ओर नहीं गया था। देखा, घरसे दस-दस हाथ तक भूमिमें वैसे ही फूल, वेल-बूटे लगे हुए हैं जैसे कि सामनेकी ओर। 'अतिथि-विश्राम'की सम्पूर्ण श्रेणीके आगे-पीछे, एक पार्क-सी लगी यह फुलवारी बड़ी सुन्दर मालूम होती है। मैंने पीछे देखा, सभी श्रेणियोंका प्रबन्ध ऐसा ही है। अपने घरोंके आमने-सामने फुलवारियोंको ठीक रखना, अपने-अपने घरोंका स्वच्छ-शुद्ध रखना घर-वालोंका अपना काम है। मैं शौचसे आकर स्नानके कमरेमें गया। जाकर

देखा, ठंडे और गर्म जलके दो नल लगे हुए हैं। सफेद दूधकी भाँति चीनी-मिट्टी का, पत्थर-सा मजबूत, दो हाथ लम्बा, डेढ़ हाथ चौड़ा, दो हाथ गहरा स्नान-पात्र क्या एक कुण्ड ही जमीनमें मढ़ा हुआ है! नलकी बगलमें दीवारसे लगे एक स्थानपर साबुनकी टिकिया तथा उससे ऊपर खूँटियोंपर एक सफेद तौलिया और एक धुली हुई लुंगी रखी है। गर्म पानी का नल खुला हुआ है, और हौज लबालब भरा हुआ है; तो भी पानी ऊपरसे नहीं निकलता है। मैंने हाथ-पाँव धोया। विचार किया कि अब दतुवन करना चाहिये। दतुवन तो दीख नहीं पड़ी; हाँ, साबुनकी टिकियाके पासमें एक चाँदीकी डिब्बीपर एक दाँतका ब्रुश देखा। खोलनेपर डिब्बीके अन्दर सुगन्धित दाँतकी लेई मिली। मैंने विचारा, मालूम होता है, अब दतुवनका रेवाज ही नहीं रहा। पीछे विश्वामित्रने बताया, एक ही सेवग्रामके लिए पाँच हज़ार दतुवन चाहिये। अब फजूलके पेड़ तो यहाँ हैं नहीं। अच्छे पेड़ोंसे दतुवन तोड़ी जाने लगें, तो नित्य ही एक-दो पेड सिर्फ एक गाँवके लिए खराब हो जायँ। फिर भूमंडलकी जन-सख्या तो डेढ़ अरब है। इसीलिये ब्रुश और मजनका प्रबन्ध किया गया है। अनार, बादाम आदिके छिलकोंको क्या हम लोग बेकार जाने देते हैं! सबसे मजन या कोई-न-कोई और कामकी वस्तु बनाई जाती है।

मैंने ब्रुश और लेईसे दाँत-मुँह साफ किया और कुण्डमें प्रविष्ट होकर, साबुनसे मल-मलकर खूब नहाया। इस प्रकार नहा-धो, कपड़े बदलनेपर, देवने आकर एक कल घुमाई और स्नान-पात्रका सब जल निकल गया। उसी कमरेमें एक ओर खिड़कीके पास एक ऊँचे स्थान पर स्वच्छ आसन बिछा हुआ था। मैंने वहाँ जाकर कुछ व्यायाम किया। इसके बाद बैठनेके कमरेमें आया। अब सूर्यकी रक्तिमा प्राची दिशामें फैली हुई थी। सूर्य-बिम्बकी एक पतली सुनहली रेखा ही अभी दिखाई पडती थी। जगह-जगह पक्षियोंका मधुर कलरव अब भी जारी था। हवाके झोंके सामनेके फूलोंको हिला रहे थे। सड़क और सामनेके घरोंकी शोभा और स्वच्छता बिखरी हुई थी। मेरा भी चित्त अत्यन्त शान्त और प्रसन्न था।

इसी समय विश्वामित्र भी आ गये। उनके साथ पद्मावती भी थीं। मेरे कहनेपर वे दोनों भी, पास ही रखी कुर्सियोंपर बैठ गये। यद्यपि चेहरा

छोड़, सभी का सारा शरीर ढँका हुआ था, तो भी गर्म मकान में सर्दी कहाँ थी ! सहस्रों वर्णनीय बातें हैं। सबका वर्णन कैसे हो सकता है ! पुरुषों और स्त्रियोंकी पोशाक, देखनेमें यही नहीं कि बड़ी सुन्दर थी, बल्कि उसमें कोई वस्तु व्यर्थ, अनुपयोगी और हानिकारक भी न थी। मैंने कामके समय तो पुरुष-स्त्रियों, दोनोंको, ऊनी जाँघिया, नीचे लम्बा मोजा और सारा पैर ढँके हुए एक प्रकारका जूता पहिरे हुए देखा। मैंने आश्चर्य से देखा कि वहाँ चमड़ेकी कोई चीज़ न थी। जूते भी वे एक तरहकी मोटी जीनके (जो देखनेमें चमड़ेसी मालूम होती थी) और जिनके तल्ले दृढ रबरके थे। कुर्तोंके नीचे एक गर्म कोट और सबके सर पर एक ही प्रकारकी टोपियाँ थीं। किन्तु मालूम होता है, यह पोशाक कामके वक्तकी थी, क्योंकि रातको भोजनके समय तथा संस्थागारमे वह पोशाक न थी। सबके सिर पर एक प्रकारकी गोल टोपी, पैरों तक लम्बे गर्म कोट और नीचे पतलून थी।

स्त्रियोंके पहरावे, जूता, मोजा, साड़ी और कुर्ता हैं। अधिक सर्दी पडने-पर वे एक लम्बा गर्म कोट भी पहनती हैं, तथा सिरपर टोपी भी लगाती हैं। स्त्री या पुरुष कोई किसी प्रकारका भी जेवर नहीं पहनता। कलाई या पाकेट की घड़ियोंका भी चलन नहीं। निर्बल दृष्टिवाले जिन्हें उसकी आवश्यकता है, चश्मा भी लगाते हैं। हरएक व्यक्ति के पास एक-एक फौंटेन-पेन और एक-एक रोजनामचा भी देखा। कलका वृत्तान्त लिखनेकी जब मेरी इच्छा हुई, तो मुझे भी एक बड़ा रोजनामचा, और एक फौंटेन-पेन मिली। निब प्रायः बिलकुल ही सोनेकी थी, शायद कड़ाईके लेहाज से कुछ इरिडियम नोकपर लगाई गई हो। क्लिप भी सोनेकी है। बात यह है, अब लोगोंके लिए सोनेका और उपयोग ही क्या हो सकता है ! पौंड और मुहर तो चलते ही नहीं ! न लोग आभूषण पहनते हैं, न गाड़कर रखनेहीका काम है। अतः इन्हीं सब चीजोंमें उसका उपयोग होता है।

विश्वामित्र और पद्मावतीके आनेके थोड़ी ही देर बाद इस्माइल भी अपनी साथिन प्रियम्वदाके साथ आ पहुँचे और कहा "अब सात बजने ही वाला है, आज जलपानके बाद 'शिशु-उद्यान' देखना अच्छा होगा।" प्रियम्वदा वहाँकी सहायक अधिष्ठात्री हैं। अभी यह, मुख्याधिष्ठात्री साथिन फातिमाको

इस बातकी सूचना भी दे आई हैं।" मैंने भी कहा, बहुत अच्छा, इस समय 'शिशु-उद्यान' देखा जाय, और दोपहरके बाद चिकित्सालय। इसी बीच गोले की आवाज आई और हम लोग भोजनागारकी ओर चले।

सड़ककी दोनों ओर आस-पासके मकानोंकी शोभा और ही थी। सब मकानोंकी बनावटमें दृढ़ता, स्वच्छता और सुन्दरताका पूरा-पूरा ध्यान रक्खा गया है। पूर्ववत् ही हमलोग हाथ-मुँह धो कुर्सियोंपर बैठे जलपानके लिए एक-एक जलेबी, दो-दो अंडे और एक-एक गुलाब-जामुन एक तश्तरीमें रखे थे। दूसरी तश्तरीमें ताजे तथा सूखे कुछ फलोंके कतरे और एक गिलास साफ जलके अतिरिक्त एक गिलास खाली भी रखा था, जिसमें पीछेसे गर्म दूध दिया गया। पूर्ववत् घण्टीपर खाना आरम्भ हुआ। अब हम लोग—विश्वामित्र, इस्माइल, प्रियम्वदा और मैं—वहाँसे शिशु-उद्यानकी ओर चले। मालूम हुआ कि शिशु-उद्यान गाँवके अन्त में है।

रास्तेमें पूछनेपर विश्वामित्रजीने कहा, पानहीका नहीं, अब बहुतसी चीजोंका रवाज उठ गया है। तम्बाकू खाना-पीना, बीड़ी-सिगरेट, शराब-गाँजा, भङ्ग-अफीम किसीका अब पता नहीं। बात यह है कि जो नशीली चीजें हैं, वे तो हैं ही वर्जनीय। उनका रोकना तो उनकी हानिकारिताके कारण ही आवश्यक था; किन्तु, जो अनावश्यक हैं उन्हें भी राष्ट्रने बन्द कर दिया। कोई चीज एक आदमीके लिए बिना विशेष स्वास्थ्यादि हेतुके तो दी नहीं जा सकती। सबके लिये नियम एक होना चाहिये। जिस तरह आवश्यक कपड़े साल भरमें एक आदमी को मिलते हैं, सारे राष्ट्रमें उसी तरह ही प्रत्येकको मिलते हैं। यदि पानका प्रबन्ध किया जाय, तो सारे राष्ट्रके लिए प्रबन्ध करना होगा। भारतमें २५ करोड़ आदमी रहते हैं। आप विचार कर सकते हैं कि इतने आदमियोंके पान, छाली, चूना, कत्था, तैयार करनेमें लाखों आदमियोंको लगा रहना पड़ेगा। इतनी फजूलखर्ची करना आज राष्ट्र कैसे गवारा कर सकता है? जो लाखों बीघे खेत पान, तम्बाकू पैदा करनेमें फँसे रहते, आज उनमें अन्य उपयोगी पदार्थ उत्पन्न किये जाते हैं।

मैंने कहा, तुम्हारी आजकी राष्ट्रीय प्रगतिने तो सारे ही दुर्व्यसनोंके लिए एक ही पर्याप्त कुल्हाड़ी ढूँढ़ निकाली है। फिर मैंने पूछा—"अब हिन्दू,

मुसलमान, पारसी, ईसाईके पृथक् भोज आदिका झगड़ा तो रहा नहीं, किन्तु मास खानेवालोंका कैसे निपटारा होता होगा ?" इसपर विश्वामित्रने कहा—"अब असली मास मिलता ही नहीं। नकली मास जितना चाहे उतना मौजूद है।"

"और अंडा ?"

"वह तो परम सात्विक फलाहार है ?"

"अब क्या यूरोप-अमेरिकामें सूअर आदि नहीं पाले जाते होंगे ?"

"नहीं, बिल्कुल नहीं। बस्तीमें यहीं न देखिये, कहीं कोई जानवर है ! पहले जैसे मैंने बन्दरोंके बारेमें बताया था, उसी जाति-उन्मूलन-प्रक्रियासे सूअर, कुत्ता, बिल्ली सबका जाति-उन्मूलन हो गया है। केवल प्राणि-विद्याके विद्यार्थियोंके उपयोगके लिए कहीं-कहीं उन्हें पालकर रखा गया है।"

"चमड़ेका तुम लोगोंने तो व्यवहार छोड़ दिया, इसलिए मास छोड़नेसे उधर तकलीफ नहीं उठानी पड़ती होगी; किन्तु इतना जो दूधका खर्च है, उसके लिए गाएँ तो बहुत पालनी पड़ती होंगी ? खैर, मारनेसे नहीं, तो अपनी मौतसे तो उनमेंसे हजारों मरती होंगी ! उनका चमड़ा भी क्या मशीनोंके 'बेल्ट'के लिए काम में नहीं लाया जाता ?"

"मशीनोंकी बेल्ट भी चमड़ेसे कहीं मजबूत कानविसकी बनती है। चमड़ेको अलग करना, उसको सिझाना इत्यादि बड़ा गन्दा काम था। जिससे वायु बहुत दूषित हो जाती थी। अतः वह काम ही एकदम छोड़ दिया गया। पशुके मरनेपर उसे खोद कर गाड़ दिया जाता है। पीछे खाद हो जाने पर उसे व्यवहारमें लाया जाता है। ऐसे बेकार तो, जहाँ तक हो सकता है, कोई भी चीज जाने नहीं पाती। हड्डियोंका हम लोग पूरा उपयोग लेते हैं, गोबर आदि भी खादके लिये उपयुक्त होते हैं।"

हम लोग बातें करते जा रहे थे। रास्तेमें मिलनेवाले सभी नर-नारी मेरी ओर देखते चले जाते थे। ग्राम, पहाड़के नीचे और नदीके किनारे होनेसे लम्बाईमें अधिक है। चौड़ाईमें तो पाँच सड़कें ही हैं। सड़कें अच्छी चौड़ी हैं, जिनके दोनों ओर घने वृक्ष लगे हुए हैं। प्रत्येक सड़क के दोनों ओर गृह-श्रेणियाँ हैं। प्रत्येक श्रेणीका पिछला भाग अगली श्रेणीके पिछले भागसे मिला

है, अर्थात् दोनोंके बाग एकहीमें जुड़े हैं। इस प्रकार चौड़ाईमें छः श्रेणियाँ हैं। ग्रामकी लम्बाई पूर्व-पश्चिम है। एक श्रेणीकी समाप्ति पर उत्तर-दक्खिन जानेवाली एक-एक सड़क है। यदि कोई आदमी ग्रामणी-कार्यालयसे चले, तो एक चौराहेपर अतिथि-विश्रामकी श्रेणी मिलेगी। इसके बाद साधारण श्रेणियाँ हैं। तीन चौराहे पार कर चौथेपर 'संस्थागार' पड़ेगा, जो दो श्रेणियों के बराबर जगह घेरता है। यही ग्राम-पुस्तकालयमें लगा हुआ और साथ एक बड़ा हाल है। यहाँसे आवश्यकतानुसार पुस्तकें श्रेणी-पुस्तकालयोंमें भी आती-जाती रहती हैं। 'सस्थागार' और भोजनागारमें एक ही सड़कका अन्तर है। गाँवके नये और बड़े-बड़े सिलाई आदिके काम तो दर्जी-ग्रामों आदिसे बन कर आते हैं, किन्तु फिर भी कोई बीचमें मरम्मत या जल्दीके कामके लिए ग्रामणी-कार्यालयके सामने सीने, रगने, बिजलीके शीशोंके रखने-बदलने आदिका काम होता है। उसकी उत्तर ओर उससे लगा ही हुआ धोबीखाना है, जहाँ मशीनके द्वारा कपड़ों की धुलाई, कलप आदि होती है। कपड़ोंके सुखानेके लिए यहीं बड़े-बड़े गर्म हाल हैं। उससे एक सड़क लाँघकर भोजनकी वस्तुओंका गोदाम है। उसीसे लगी मोटरोंके ठहरनेकी जगह, तथा अन्य वस्तुओंका गोदाम है। अतमें सामान मरम्मतके कामके लिए मिस्त्रीखाना है, जहाँ लोहार-बढईका भी काम होता है। इन सभी जगहोंपर मरम्मतका वही काम होता है, जिसकी जल्दी रहती है। नहीं तो, वे चीजें उन ग्रामोंको भेज दी जाती हैं, जहाँ केवल उन्हींका काम होता है। इस प्रकार मालूम हो सकता है कि ग्रामके सभी कार्यालय पश्चिम, और उत्तर-दक्खिनकी सड़क पर पडते हैं। सस्थागार, भोजनागार बीचमें, और शिशु-उद्यान तथा चिकित्सालय ग्रामसे बाहर पूर्व तरफ हैं। लम्बाईकी सड़कें अधिक चौड़ी हैं तथा उनपर सायादार वृक्ष लगे हुए हैं।

इच्छा हुई, पहले शिशु-उद्यान देखूँ, पर भोजनका समय हो गया था, इसलिए भोजनागारकी ओर मुड़ा। जब भोजनागार बीस गज़ रह गया, तभी ग्यारहका गोला दगा। सब लोग पुनः पूर्ववत् हाथ-मुँह धो भोजनके लिए बैठ गये। इस वक्तका भोजन वही था, जिसे पहिले समय में लोग कच्चा भोजन कहा करते थे। रोटी, दाल, भात, मांस, साग, कढ़ी, पकौड़ी, सभी चीजें

परोसी गई थीं। मेरी दाहिनी ओर विश्वामित्र और बाईं ओर इस्माइल बैठे थे। हम लोग जरा पहिले गये थे, इसलिए दो।एक मिनट अभी देर थी। मैंने कहा, इतनेमें पाकशाला ही देख आयें। भोजनागारके दक्षिण तरफ पाकशाला थी। जाकर देखा; सभी चीजोंके बनानेके लिए बड़े-बड़े बर्तन हैं, जिन्हें उतारने-चढ़ानेका काम मशीनों ही से लिया जाता है। आटा गूँधना, रोटी बनाना भी मशीनों ही द्वारा होता है। आगका काम बिजली देती है। इतनी बड़ी पाकशाला, जिसमें पाँच हजार आदमियोंका भोजन बनता है, किन्तु कहीं कालिख नहीं, धूआँ नहीं। हर-एक वस्तुके डालने और उतारनेका भी समय है। आँचका भी माप है। अतः किसी वस्तुमें गड़बड़ी होनेकी गुंजाइश नहीं। यद्यपि सभी वस्तुयें स्वच्छ, शुद्ध ही आती हैं; तब भी भोजनके गुण-अवगुणके विशेषज्ञ जब तक किसी वस्तुके लिए अनुमति नहीं दे देते, तब तक वह नहीं बन सकती। यह पहले ही बतला चुके हैं कि असली मास अब नहीं मिलता; किन्तु कई ऐसे पदार्थ रसायनिक योगसे तैयार किये गये हैं, जिनमें स्वाद भिन्न-भिन्न मासोंका आता है, और गुण भी वही। पाकशालामें पुरुष और स्त्री दोनों ही भाँतिके पाचक हैं। परोसकर थालियों-कटोरियोंको लकडीके तख्तोंपर सजाया जाता है, जिनके पूरा हो जानेपर भोजनागारमें बिजलीहीसे घुमाया जाता है। उसपरसे दो-तीन आदमी उतार-उतारकर मेजोंपर रखते जाते हैं। भोजन समाप्त होनेपर फिर उसी भाँति उन्हीं तख्तोंपर थालियाँ और दूसरे बर्तन रखकर, धोनेके कमरेमें पहुँचाये जाते हैं, जहाँ गर्म जल और शोधक पदार्थ-द्वारा मशीनहीसे उनको माँजा जाता है। बचा हुआ जूठा भोजन मोटरपर लादकर बाहर एक जगह गाड दिया जाता है, जिसकी खाद बनती है। किन्तु बहुधा लोग उतना ही लेते हैं, जिसमें अधिक जूठा न छूटने पाये।

घण्टी बजनेसे पूर्व ही, हमलोग अपने आसनपर बैठ गये थे। पीछे प्रेम-पूर्वक खूब भोजन हुआ। मुँह-हाथ धोकर जब हमलोग चिकित्सालयकी ओर चले, तो हमारे साथ देवमित्र भी थे। हम लोग चिकित्सालयमें पहुँचे। साथिन मनोरमा तथा उनके अन्य सहायकोंने द्वारही पर हमारा स्वागत किया। एक सहायक चिकित्सकको छोड़कर चिकित्सालयके सभी कार्य-कर्त्ता महिलायें ही थीं। सहायक चिकित्सक कोई दूसरे नहीं, मनोरमाके पति श्री रहीमबख्श थे।"

दोनों ही दम्पतिने तक्षशिलामें चिकित्साका पूरा अध्ययन किया था। जन्म आप लोगोंका काश्मीरका है। मैंने समझा था, पाँच हजारकी जब आबादी है, तो रोगी भी उसीके अनुपातसे होंगे, किन्तु यहाँ बिल्कुल ५० रोगी दिखाई पड़े। मालूम हुआ कि अधिक-से-अधिक एक बार सौ तक बीमारोंकी संख्या पहुँची थी। कोढ, बवासीर, उपदेश, राजयक्ष्मा, मृगी, दमी आदि रोगोंका जब संसारसे ही नाम उठ गया, तो वे यहाँ कहाँसे मिलें? मामूली ज्वर, सिर-दर्द, अजीर्ण, कोई चोट-फाट, यही साधारणतया रोग होते हैं। मनोरमाने कहा—"अब चिकित्साशास्त्रकी बहुत-सी पढाई सिर्फ पढनेहीके लिए होती है; औषधि-चिकित्साका तो यह हाल है ही, शल्य-चिकित्साकी और भी कम आवश्यकता पड़ती है; आजसे दो शताब्दियों-पूर्वके चिकित्सकोंको ही इसका बहुत प्रयोग करनेका अवसर मिलता था; तरह-तरहकी नई बीमारियाँ, राजरोग, युद्ध आदि कितने कारण थे, जो सदा उनके पास रोगियोंकी भीड़ लगाये रखते थे। मैं इसकेलिए अफ़सोस नहीं करती; यदि कभी ऐसा दिन आवे, कि कोई रोग ही न हो तो कैसा अच्छा होगा! कालान्तरमें चिकित्साशास्त्रका प्रचार भी लुप्त हो जाय, तो भी कोई चिन्ताकी बात नहीं, किन्तु हाँ, यदि एक ओर रोगियों-की चिकित्साका काम कम पड़ा है, तो दूसरी ओर स्वास्थ्य-विषयक अनेक नियमोंके प्रचारके लिए पूरा समय मिला है। भोजन-आच्छादन, रहन-सहन, सभीमें स्वास्थ्यदायक और पोषक गुणोंका अधिक समावेश होनेका प्रयत्न करना अब चिकित्सकका आवश्यक कर्त्तव्य हो गया है।"

रहीम और मनोरमाने चिकित्सालयके सभी स्थानोंको भली प्रकार दिखाया। रोगियोंके रहने, खाने-पीनेके प्रबन्धके विषयमें क्या कहना है? चारों ओर स्वच्छता-ही-स्वच्छताका साम्राज्य था। रोगी-सुश्रूषक महिलाएँ रोगकी आधी पीड़ाको अपने सहानुभूतिपूर्ण मधुर-वचन और सरस बर्तावसे दूर कर देती हैं। औषधोंका कोष बहुत भारी है। उपयोगी हथियार और यन्त्र भी पर्याप्त रखे हुए हैं। चिकित्सालयकी पाकशाला आदि सभीका निरीक्षण करके अब हम लोग वहाँसे विश्राम-स्थानको लौटे। मैंने विचार किया; कल और आजकी बहुत बातें मुझे रोजनामचेमें भी लिखनी हैं। अभी एक बजा है तब तक यह काम करूँगा। शामको आनेके लिए कहकर

इस्माइल और प्रियंवदा तो चली गईं, किन्तु देव विश्राम-स्थानपर पहुँचाकर लौटे। मैंने विश्वामित्रसे रोजनामचा लिखनेकी बात कही। वह भी अपने कमरेमें चले गये। मैं अकेला कलम निकालकर लिखने बैठा। लिखने-योग्य बातोंका तो ठिकाना नहीं था, किन्तु मेरे पास समय और स्थानका संकोच था। मैंने, जहाँ तक हो सका, मुख्य-मुख्य अशोंको ही संक्षेपमें लिखना निश्चित किया। कोई प्रधान बात कहीं छूट न जाय, इसलिए मैंने निश्चित किया कि दिन भरके लेखनीय विषयको रात्रिमें सोनेके पहले अवश्य लिख डालना चाहिये।

७

शिशु-संसार

दूसरे दिन हम शिशु-उद्यानकी ओर चले। पहले फाटक मिला। उद्यानको आप यह न समझें कि कोई चार-दीवारी या लोहेके सीकचोंसे घिरा बग़ीचा होगा। इसकी वहाँ कुछ आवश्यकता ही नहीं है। न पशु है, जो भीतर घुसकर नुकसान करेंगे और न कोई चीज़ चुरानेवाला। द्वार बड़ा सुन्दर और विशाल है; इसके ऊपर दो-महला मकान है। भीतर जाते ही साथिन फ़ातिमा—जो हमारी प्रतीक्षा कर रही थीं—मिलीं। यद्यपि आपकी अवस्था अस्सी वर्षकी है, तब भी अपने कामको जवानोंकी भाँति करती हैं। आप २० वर्षसे विधवा हैं। शिक्षा समाप्तकर ब्याह करनेके बाद आपके पति श्रीहृषीकेश द्विवेदी यहाँ ही आकर बसे। दोनों ही दम्पती तक्षशिलाके विद्यार्थी थे। पतिने चिकित्साका काम अपने ऊपर लिया था, और फातिमा दस वर्ष तक चिकित्सालयमें ही रोगि-परिचर्याका कर्तव्य-पालन करती थीं। आपका बालकोंसे अगाध प्रेम था, इसीलिए पीछे आप शिशु-उद्यानमें चली आईं। तबसे आप इन स्वर्गीय पुष्पोंकी सुगन्धिका आनन्द ले रही हैं। नाम से आप यह न समझ जायँ कि फ़ातिमा मुसलमान हैं। मैं लिख ही चुका हूँ कि धर्म अब उठ गया है।

अब हम लोग आगे बढ़े। उद्यान बहुत ही विस्तृत और दूर तक फैला

हुआ था। फूलोंमें शायद ही ऐसा कोई छूटा हो जो वहाँ न हो। बेला, चमेली, नाना भाँतिके गुलाब, चम्पा, जूही, मोगरा, कुन्द और गेंदा सभी। उनमेंसे बहुत-से फूल हँस रहे थे, और बहुत-से चुप-चाप हरी पोशाक पहने केवल तमाशा देख रहे थे। बीच-बीचमें कितने ही अनार, नारंगी, सेब, आम, जामन, लीची, कटहल, बैर और अमरूद आदिके पेड़ भी थे। टट्टियों-पर अंगूरकी लता फैली हुई थी। यहीं बीचमें एक बहुत भारी पीपलका वृक्ष है, जिसके नीचे लडके गर्मियोंमें खेलते हैं। यद्यपि धूप निकल आई थी, किन्तु अभी घासोंपर ओस पड़ी हुई थी, इसलिए लड़के उस बड़े पक्के चबूतरे-पर थे, जोकि उनके शयनागारके सामने था। धूप वहाँ पहुँच चुकी थी। उनकी सुश्रूषा करनेवाली महिलायें, उन्हें बतला रही थीं कि आज एक बहुत वृद्ध महात्मा आनेवाले हैं। कोई-कोई बड़ा बालक—किन्तु तीन वर्षसे अधिकका नहीं, क्योंकि तीन वर्षके बाद तो वे विद्यालयमें भेज दिये जाते हैं—पूछ उठता था—"अम्मा! क्या वह महात्मा हमारी बड़ी अम्मासे भी बूढ़े हैं!" तब वह बतलाती—"मेरे कलेजे! तुम्हारी बड़ी अम्माका तो जन्म भी न हुआ था, जब वह महात्मा तुम्हारी अम्मासे भी बूढ़े हो गये थे।"

एक शिशु—"तो किसके बराबर हैं? हमारे गाँवमें किसीको बताओ।"

माता—"मेरे बच्चे! तुम्हारे गाँवमें क्या, पृथ्वी भरमें कोई उतना बूढ़ा नहीं।"

दूसरा—"अच्छा, इस पृथ्वीपर नहीं सही, मङ्गलकी पृथ्वीपर तो होगा, बुधकी पृथ्वीपर तो होगा?"

माता—"कोई होगा, किन्तु उसको तुमने देखा तो नहीं?"

दूसरा—"तो इसी पृथ्वीको कहाँ हमने सारा देख लिया?"

माता—"मेरे प्यारे! देख लोगे। अभी तो चलने लायक हुए हो, अभी तो बोलने लायक हुए हो। जब पृथ्वीका रास्ता, बोली-वाणी खूब सीख लोगे, तब सब देख लोगे।"

इतनेमें दूसरी महिलाने कहा—"अब काहे इतनी माथापच्ची करते हो विजय? देखो, वह तुम्हारी बड़ी अम्माकी बाईं ओर सफ़ेद दाढ़ीवाले वही महात्मा आ रहे हैं। देखो, अपना-अपना सितार हाथमें ले लो; आज देखना

है, बूढ़े बाबाको कौन अच्छा गाना सुनाता है। मैं भी सुनाऊँगी, जानकी अम्मा भी सुनावेगी, जैनब अम्मा भी सुनावेगी।"

इतनेमें ध्रुव बोल उठा—"मैं भी सुनाऊँगी।" इसपर सब हँस पड़ीं। जानकीने कहा—"ध्रुव! 'मैं भी सुनाऊँगी' नहीं 'मैं भी सुनाऊँगा' कहो।" ध्रुवने जानकीके पैरोंको कौलीमें भर मुँहको साड़ीमें छिपाकर कहा—"मैं भी सुनाऊँगा'।" इसपर रोहिणीने कहा—"और अम्मा, 'मैं भी सुनाऊँगा'।" जैनब-ने कहा—"लो यह दूसरी आफ़त आई।" रोहिणी ढाई वर्षकी लड़की थी, जैनबने उसे गोदमें ले मुँह चूमकर कहा—"मेरी बिटिया! लड़कियाँ ऐसे नहीं बोला करतीं। कह, 'मैं भी सुनाऊँगी'।"

रोहिणीने कहा—"हूँ! ध्रुव भैया यही तो कहता था, तब जानकी अम्माने टोका।"

जैनब—"तू बेटी है न?"

रोहिणी—"हाँ, तेरी बेटी हूँ' जानकी अम्माकी बेटी हूँ, बड़ी अम्माकी बेटी हूँ कि! कमाल भैयाकी तो बहिन हूँ। शफी भैया भी, देख, रोहिणी बहिन—रोहिणी बहिन कहता है। ध्रुव भैया भी बहिन कहता है। तो खाली बेटी कैसे हूँ, बेटी भी हूँ, बहिन भी हूँ।"

जैनब—"अच्छा बूढी दाई! तुम बेटी भी हो, बहिन भी हो, लेकिन बेटा और भैया तो नहीं हो?"

रोहिणी—"हाँ! नहीं हूँ।"

जैनब—"अच्छा! तो बेटा, भैया, 'सुनाऊँगा' कहें तो ठीक, और बेटी, बहिन 'सुनाऊँगी' कहें तो ठीक। इतना ही नहीं, बूढे बाबा, पिता, चाचा 'सुनाऊँगा' कहें तो ठीक और बूढी अम्मा, छोटी अम्मा, बड़ी अम्मा सब 'सुनाऊँगी' कहें तो ठीक।"

इतनेमें हमलोग पहुँच गये और बात यहीं समाप्त हो गई। सब माताओ ने अभिवादनके लिए पहले हाथ उठाया, जिसे देख बच्चोंमें भी छोटी गाड़ियों में रखे अत्यन्त छोटे बच्चोंको छोड़कर सबने हाथ उठाये।

मुझे वे बच्चे सचमुच खिले हुए स्वर्गीय फूलसे जान पड़े; उनके लाल-लाल होंठ और गुलाबी गालोंपर अस्फुट हँसीकी रेखा थी। सबके

शरीरपर एक प्रकारके गुलाबी रंगके फलालैनके कपड़े थे। सबके पैरोंमें छोटे-छोटे मोजे और छोटे-छोटे सुन्दर जूते थे। सिर मुलायम टोपीसे ढँका था। स्वागत समाप्त होनेके साथ ही मैंने देखा, बालक-बालिकायें सभी—जिनकी वहाँ पहिचान होनी कठिन थी—अपने छोटे-छोटे तीन तारवाले खिलौने-सितारको लेकर बैठ गये। कोई मिज्राबको उल्टा पहिनता और वह अँगुलीमें नहीं जाती, तो पासके बड़े लड़केसे कहता—

'मोहन भैया! जल्दी इसे अँगुलीमें लगा दे तो।'

मुर्तुजाने एक बार कानके पास ले जाकर, तारको मारा तो 'दिम'सी आवाज आई, बस क्या था। उसने समझा, मैं ही बाजी मार ले जाऊँगा। तुरत प्रसन्नतासे फूला हुआ प्रियंवदाके पास दौड़ा गया, हाथ पकड़कर थोड़ी दूर ले जाकर बोला—

"अम्मा! जरा गोदी तो ले।"

जब गोदी चढ गया, तो अपने बाजेको कानके पास ले जाकर एक बार तारपर मारा, किन्तु अबकी तार हाथसे दबा था, अतः आवाज़ नहीं हुई। उसे बड़ा आश्चर्य हुआ, क्या उसकी आशा हीपर पानी फिर गया? तो भी कहा—"माँ! अभी नहीं न सुना; खड़ी रह, सुनाता हूँ न।" प्रियंवदा तो अभिप्राय जान गई थी। उसने तारपरसे अँगुली जरा खिसका दी। मुर्तुजाने अबकी मारा, तो 'दिम'-से हुआ। बड़ा खुश होकर बोला—"देख! मैं अच्छा बजाता हूँ न?" प्रियंवदाने कहा—"हाँ बेटा! तू बड़ा अच्छा बजाता है। आज पितामहको सुना तो।"

इसपर मुर्तुजाने पूछा—"अम्मा! पितामह कौन हैं?" इसपर प्रियंवदाने बताया—वही बूढे-बूढे सफेद दाढ़ीवाले। अब मुर्तुजाने एक बात चालाकीकी कही—"माँ! अब चुप-से बैठ जाता हूँ, नहीं तो विजय भैया कहेगा—अम्मासे सीख आया है।" यह कह मुर्तुजा जाकर एक जगह बैठकर, खूब आलाप लेने-जैसी शकल करके कुछ गुनगुनाते सितार छेड़ने लगा। देखा-देखी और कई बच्चोंने भी ऐसा ही करना आरम्भ किया।

मैं गाड़ियोंपर बैठे बच्चोंकी ओर देखने लगा। कोई पासमें खडी माताकी

अँगुली पी रहा है, कोई 'आंगू' 'आगूँ' कर रहा है। कोई हँस-कर अपनी नई सम्पत्ति दोनों अगली दँतुलियोंको दिखा रहा है। सभी बच्चे हृष्ट-पुष्ट और स्वस्थ थे। कोई दुबला, कुरूप और रोंदू न था। मैं एक छः-सात मासके बच्चेके पास गया, तो मेरे हाथ बढाते ही वह हाथ बढाकर मेरी ओर आनेकी इच्छा प्रकट करने लगा। फिर क्या था, उसको मेरी गोदमें देख बहुत-से बारी-बारीसे गोदमें चढ़े। सभी लड़कोंकी सख्या डेढ़सौकी थी। देर होते देख मुर्तजाने अबकी प्रियंवदाके पास जाकर कहा—"माँ! अब सुनाऊँ न—अब क्या देरी है?" इसपर प्रियवदाने कहा—"हाँ! रह जा; अभी बुलाकर पितामहको बैठाती हूँ, तब सुनाना।" सबको देखनेके बाद फातिमाने बैठनेके लिए कहा। लड़कोंहीमें हमारे बैठनेके लिए फर्शपर थोड़ी जगह मिली। हमारे बैठते ही, सब बालक और क़रीब-क़रीब हो गये। शिशु-उद्यानमें सब मिलकर तीस मातायें हैं। सभी अपनी-अपनी गोदमें तथा आसपास बच्चोंको लिये बैठ गईं। डेढ वर्षके ऊपरवाले लड़कोंने हाथमें सितार लिया था, और छोटोंमेंसे किसीने बिल्ली, किसीने कुत्ता, किसीने खरगोश, किसीने सीटी, किसीने गुड़िया, किसीने लकडीके अक्षरोंके कटे अश, किसीने कोई खिलौना, किसीने कोई खिलौना। अब बड़ी अम्मा बोलीं—

"बच्चे साथियो! हमारे सबके पितामह यहाँ अपने बच्चोंको देखने आये हैं। अब उन्हें सब लोग अपना-अपना गुण दिखाओ। पितामह बाबा बहुत दिनपर आये हैं। पहले जानकी अम्मा भजन सुनावेगी, तब जैनब अम्मा सुनावेगी, तब देखो कौन सुनावेगा? विजय झट-से बोल उठा—'मैं।' मुर्तजा पहलेसे सँपर रहा था, किन्तु धोखेसे पहले न बोल सका, तो भी जल्दी-जल्दी उसने कह डाला 'मैं'। जानकीने हाथमे वीणा ले गीत गाया।

गानेका कहना ही क्या था? यद्यपि भाषा बालकोंकी थी, भाव भी बालकोंका था, किन्तु स्वर, लय, तान सबसे निराला था। बीच-बीच मे मैं देखता था, कई एक बच्चे बड़े ध्यानसे सितारको हाथसे छेड़ते कुछ गुन-गुनाते हुए तन्मय थे। अब जैनबने वीणाको हाथमें लिया। विजय—उसका

शागिर्द—पास बैठा था। ऐसे भी वह सावधान हो रहा था, किन्तु अब विशेष तौरसे एक बार खड़ा हो आलथी-पालथी मार, ठीक जैनबकी तरह उसकी दाहिनी ओर बैठ गया। जैनबने मीठे स्वरमें एक गीत सुनाया।

गीत समाप्त होते ही ज्योंही जैनबने वीणा अलग रक्खी, विजय गोदमें जा बैठा और धीरे-से कानमें बोला—"माँ, वही उस दिनवाला गीत न सुनाऊँ ?" जैनबने कहा—"कौन सा ?" इसपर विजयने कुछ फुसफुसाया। जैनबने कहा—"हाँ बेटा, हाँ वही।" अब विजय धीरे-से मेरे पास आया, और बोला—"पितामह ! अब एक गीत मैं सुनाऊँगा।" मुर्तजाने कहा—"नहीं पितामह ! पहले मैं सुनाऊँगा, तब विजय भैया सुनावेगा।" विजयने कहा—"नहीं पहले मैंने कहा था, पहले मैं सुनाऊँगा।" मुर्तजाने फिर अपना पहला आग्रह दुहराया। अब बड़ी अम्माने झगड़ेका जल्दी निपटारा होते न देख, कहा—"अच्छा, दोनों भाई मेरे पास आओ।" दोनों दौड़कर फातिमाकी गोदमें चले गये। तब फातिमाने विजयसे पूछा—"उस दिन, विजय, जब तुम और शफी मेरे पास थे, मैं सेबका टुकड़ा तुझे जब देने लगी, तो तुमने क्यों लेनेसे इन्कार किया ?" विजयको अम्माके हाथके फलसे इन्कारका शब्द कड़ा मालूम हुआ। झट गलेसे लिपटकर कहने लगा—"अम्मा ! तू तो यों ही कहती है; इन्कार थोड़े ही किया ! यही तो कहा था कि पहले शफीको दे, तो फिर मुझे दे।" फ़ातिमाने पूछा —"अच्छा, ऐसा ही क्यों कहा ?"

विजयने कहा—"तैने ही नहीं बताया था, कि पहले छोटे भाईको देकर तब अपने खाओ। शफी छोटा भैया है, मैं बड़ा भैया हूँ, तो पहले कैसे खा जाता ? प्रह्लाद भैया, इब्राहीम भैया, जमशेद भैया, जब विद्यालय नहीं गये थे, तब मेरे या श्याम भैयाके बिना खाये कहाँ खाते थे ?"

फातिमा ने कहा—"हाँ ! मेरे लाल ! ठीक तो कहता है। अच्छा तो मुर्तजा छोटा भैया है, या बडा भैया ?"

विजय—"छोटा भैया।"

फातिमा—"तो फिर उसकी बात पहले हो कि तुम्हारी ?" विजयको अपनी गलती समझमें आ गई। उसने हँसते हुए कहा—"हाँ ! मुर्तजा

पहले तू गा, तब मैं गाऊँगा।" बड़े भैया छोटे भैयाकी बात होते देख, अब मुर्तुजाके मनने भी पलटा खाया। उसने कहा—"विजय भैया बडा भैया है, पहले यह गा लेगा, तब मैं गाऊँगा।" विजयने कहा—"मुर्तुजा छोटा भैया है, पहले वह गायेगा, तब मैं गाऊँगा। "अब एक दूसरा अड़ङ्गा खड़ा देख, बडी अम्माने कहा—"मुर्तुजा! बड़े भैयाकी बात छोटे भैयाको माननी चाहिये न!"

मुर्तुजा—"हाँ, अम्मा! माननी चाहिए।"

फातिमा—"तब जैसा विजय भैया कहता है, वैसा करो।" अब मुर्तुजा दौड़कर प्रियंवदाके पास गया। और बोला—"अम्मा! मेरे तारोंको ठीक तो कर दे।" प्रियंवदाने लेकर जरा तारको इधर-उधर खींच दिया। अब मुर्तुजा दाहिने पैरसे पालथी मार और बायेंके सहारे सितारको हाथमें पकड़े, ऐसे बन बैठा; मानो तानसेन ही उतर आया हो। थोड़ी देर खींचने-खाचनेके बाद बोला—"अभी गीत मैंने नहीं सीखा है, खाली बाजा सुनाऊँगा।" मैंने और विश्वामित्रने कहा—"हाँ! बाजा ही सुनाइये।" अब मुर्तुजाने एक बार अँगुली तारपर मारी, किन्तु वह तारतक न पहुँचकर पहले ही रुक गई। बगलवाले लड़के हँसना ही चाहते थे कि उसने फिर एक बार खूब साधकर अँगुली मारी और अब 'दिम'-सी आवाज़ आई। प्रियंवदा, फातिमा, मैंने और सभीने इसपर शाबाशी दी। मुर्तुजा बहुत प्रसन्न हुआ और बोला—"अच्छा, अब विजय भैयाका गीत हो।" विजय जो अब तक बड़ी अम्माके पास बैठा था, उठकर जैनबके पास जाकर बोला—"माँ! तू जरा बजा, तो मैं गाऊँ।" विजयने एक-दो गीत खूब मिहनतसे याद किये थे। वह बहुधा जैनबकी गोदमें बैठकर उसके सितार बजानेपर गाया करता था। इसीलिए अबकी फिर उसने बजानेको कहा। जैनबके दानादिर करते ही विजयने अपना गाना आरम्भ किया······

शिशुके मधुर स्वर और अकृत्रिम कंठसे निकले सरल गानने प्राणोंको प्रफुल्लित कर दिया। बारी-बारीसे दो-चार और गवैयोंने अपने करतब दिखलाये। इसके बाद अक्षरके खिलाड़ियोंका नम्बर आया। मरियम और रुक्मिणी सबसे पहले आईं। प्रियंवदाने लकड़ीके अक्षरोंके बक्सको हाथमें लेकर उसमेंसे

एक नीचे रखकर कहा—बूझो यह क्या है। रुक्मिणीके अभाग्यसे उसकी ओर अक्षरकी ऊपरी लकीर पड़ी थी, जिससे जब तक वह विचार करे तब तक मरियमने बोल दिया—'क'। अब क्या, मरियमके आनन्दकी कोई सीमा न थी। प्रियंवदाने कहा—बेटी रुक्मिणी, कोई परवाह नहीं, आओ तुम दोनों एक सीधमें पाँतसे खड़ी होकर अबकी बूझो। अबकी प्रियवदाने फिर एक अक्षर फेंका। गिरतेके साथ दोनोंने एक साथ 'र' कहा। बड़ी अम्माने दोनोंको गले लगाया। अब बड़ी अम्मा सबके कुत्ते, बिल्ली, बत्तक, गुड़िया आदि खिलौनोंको लेकर पाँतीसे रखकर कहने लगीं—प्रियव्रत! खरगोश ले आओ तो। प्रियव्रतने झट खरगोश उठाकर हाथमें दे दिया। ऐसे ही वह एक-एक जानवरका नाम लेती जाती और बच्चे ला-लाकर देते जाते थे।

इसके बाद सारा समाज वहाँसे उठ खड़ा हुआ। अत्यन्त छोटे बच्चे भी इस तमाशेमें शामिल थे। मातायें गोदमें उन्हें लिये थीं। फूलोंके पास जाकर इसकी परीक्षा ली गई कि कौन कितने फल-फूलोंका नाम जानता तथा पहिचानता है। वहाँ मौलसरीकी डालियोंमें बहुत-से पालने लटक रहे थे; जिनके बारेमें बताया गया कि छोटे-छोटे बच्चे इन्हींपर सोते और झूलते रहते हैं। पालनोंके गद्दे बहुत ही मुलायम थे। एक कल सब झूलनोंको धीरे-धीरे झुलाती रहती थी। हमलोग यह देख ही रहे थे कि इसी समय नौका घंटा बजा। आज हरी घासपर भोजनका प्रबन्ध था। इसी समय बाहरसे और भी बहुत-सी स्त्रियाँ आती दीख पड़ीं। ये लड़कोंकी जननियाँ थीं। वस्तुतः यहाँ 'माता' शब्दसे उन सभी महिलाओंका ग्रहण किया जाता है, जो बालककी रक्षा, शिक्षा-दीक्षाका प्रबन्ध करती हैं। सब प्रकारकी अनुकूलता देख, छोटे-छोटे बच्चोंको भी जननियाँ, प्रायः शिशु-उद्यान हीमें रख आती हैं। रात्रिमें वर्ष दिन तकके बच्चोंको जननी अपने पास रखती हैं। दिनमें नव-जात शिशुओं-वाली मातायें यदि काम करती हैं, तो ग्रामहीमें, सो भी दो घंटे; बाकी समय शिशु-उद्यानहीमें बालकोंका मन-बहलाव करती हैं। शिशु-उद्यान ग्रामवासियों-का क्रीड़ोद्यान है, जहाँके पुष्पों और मनोरंजनकी और सामग्रियोंमें कोमल शिशु भी शामिल हैं। उनके मधुर-आलापके सुनने, उनके मनोमोहक खेलोंको

देखनेकी इच्छासे कितने ही नर-नारी अपने अवकाशके समयको वहाँ व्यतीत करते हैं।

आजके राष्ट्रका ध्येय तो यद्यपि मनुष्य-मात्रके जीवनको आनन्दमय बनाना है, और ऐसा करनेमें उसे अच्छी सफलता भी हुई है; किन्तु बालकोंके लिए प्रस्तुत की गई सुखकी सामग्रियाँ तो पुराने सम्राटोंके राजकुमारोंको भी शायद नसीब न थीं। साधारणतया बालकोंको थोड़ा-थोड़ा दिन रातमें तीन-तीन घंटेपर सात बार जलपान और भोजन कराया जाता है। पहला कलेवा उनका ६ बजे होता है, जबकि दूधके साथ ऋतुके उपयोगी कुछ मिष्टान्न दिये जाते हैं। इस वक्त नौ बजेके लिए खीर, कुछ फल, ऐसे ही पदार्थ थे। बारह बजे, भात-दल, रोटी-तरकारीका प्रबन्ध रहता है। ३ बजे फिर फल, दूध। ६ बजे भी कुछ फल। ६ बजे नमकीन और मीठी चीज़ोंके साथ कुछ दूध भी और बारह बजे रातको फिर दूध और कुछ फल। भोजनका सिलसिला तीन-तीन घंटेपर बराबर रहता है। परन्तु तीन समय—प्रातः, मध्याह्न और रात्रिके नौ बजे—छोड़कर, पेटभर नहीं खिलाया जाता। खाना हज़म होनेके लिए लड़के दौड़-धूप किया करते हैं। आँख-मिचौनी आदि पुराने खेल-कूद भी खेले जाते हैं। छोटे-छोटे फुटबालोंको लेकर लड़के खूब खेलते हैं। हरी-हरी दूबपर इन छोटे-छोटे जवानोंकी कबड्डी भी बड़ी भली मालूम होती है। बाग़में एक अखाड़ा भी इनके लोट-पोट और पहलवानीके लिए है। साराश यह कि भोजन, वस्त्र, शिक्षा और शारीरिक श्रम सभीपर पर्याप्त ध्यान दिया जाता है। हाँ! जो मातायें मैंने आते देखी थीं, उन्होंने अपने नवजात शिशुओंको दूध पिलाना शुरू किया, और कितनी ही लड़कोंके पासमें खिलाने बैठ गईं। खाना खा सकनेवाले लड़कोंकी मातायें अपने-पराये सभी बच्चोंको साथमें लेकर समान भावसे खिलाने लगती हैं। वास्तवमें इस समयके नर-नारियोंके हृदयसे सकीर्णता निकल गई है। उनके हृदय विशाल हैं।

जन्म देनेवाली माताओंहीके लिए नहीं, उन मातओंके लिए भी जो कि उद्यानमे बालकोंकी रात-दिन सेवा-सुश्रूषा करती हैं, यह बहुत भारी मानसिक क्लेशकी बात है, कि तीन वर्ष बाद लड़के दूर-दूरके बड़े-बड़े विद्यालयोंमें भेज

दिये जाते हैं। किन्तु राष्ट्रके कल्याणके लिए, और उन अपने बालकोंके हितके लिए वे सब सहन करती हैं।

भोजनके समाप्त होनेपर अब हम लोग कोठेपरके वस्तु-संग्रहालयकी ओर चले। कुछ बालक तो स्वयं छोटी-छोटी सीढियों-द्वारा चढ़ आये और कुछको माताओंने ऊपर पहुँचाया। विजय सभी बालकोंमें होशियार था। उसका शरीर भी हृष्ट-पुष्ट था। वह जैनबकी अंगुली पकड़े हमारे साथ-साथ था।

संग्रहालयमें घुसते ही देखा, नीचे तरह-तरहके जीव-जन्तु, अन्न आदि वस्तुएँ रखी गयी हैं। धनुष, बाण, फरसा, गँड़ासा, लाठी, बंदूक, तमंचा, भाला, कवच और खोद दीवारोंमें टँगे हैं। छोटी-छोटी तोपें भी रखी हैं। दीवारोंके ऊपर मनुष्य-जातिके बड़े-बड़े नेताओंकी जीवन-घटनाओं सम्बन्धी बड़े-बड़े चित्र हैं। कहीं सुक्रात प्रसन्नतापूर्वक विषके प्यालेका पान कर रहे हैं। कहीं बुद्ध रक्तके प्यासे 'अंगुलि माल'के प्रहारका कुछ भी ख्याल न करके प्रसन्न बदन खड़े हैं। कहीं गाँधी सड़कपर कंकड़ कूट रहे हैं। कहीं इब्राहम लिंकन विपत्तियोंकी धमकीका कुछ भी ख्याल न करके मनुष्योंकी दासता हटानेके लिए बलिदान हो रहे हैं। कहीं जोन स्वतन्त्रताके लिए निछावर हो रही है। कहीं अशोक युद्धके बाद साम्राज्यसे विरक्त हो रहे हैं। इसी तरह अनेक प्रकारके चित्र हैं।

मुझसे यह भी कहा गया कि बालकोंको बोलते फिल्मों-द्वारा भी बहुत-सी ऐतिहासिक तथा वैज्ञानिक बातोंका ज्ञान कराया जाता है। ग्रहोंका भ्रमण, रात-दिनका होना, चन्द्रमाका घटना-बढना भी उसके द्वारा दिखाया जाता है। बालकोंको ये सारी शिक्षायें मनोरंजन और खेलके रूपमें ही मिल जाती हैं। दूसरोंका काम जिज्ञासा उत्पन्न करनेकी सामग्री एकत्रित कर देना है। जब जिज्ञासा उत्पन्न हो जाती है, तो बालक अपनी जिज्ञासा-पूर्तिके लिए सब कछ सहन करनेको तैयार हो जाता है। तब हर एक बात उसे जल्दी स्मरण तथा हृदयंगम भी होती जाती है। उस समय ज्ञानको घोलकर पिलाने या ठूसनेकी आवश्यकता नहीं होती। मैंने वस्तुओंको देखते समय बीच-बीचमें कभी-कभी किसी लड़केसे किसी वस्तुका नाम पूछा, या नाम बोलकर वस्तु

दिखानेको कहा, तो बालक बड़ी प्रसन्नता-पूर्वक सन्तोष-जनक उत्तर देते थे। फ़ातिमाने बताया—"लड़के स्वयं अंगुली पकड़कर माताओंको खींच लाते हैं। कभी किसी वस्तुका नाम पूछते हैं, कभी किसी चित्रको देखकर चित्रित घटनाकी कथा सुनने बैठ जाते हैं। कहनेवालेसे अधिक उनको उन्हें देखने-सुननेमें आनन्द होता है। इसी समय यदि कभी भोजनका समय आ जाता है, तो बड़ी अरुचि-पूर्वक वहाँसे भोजन करने उठते हैं। यद्यपि तीन वर्ष तक उनको कोई पुस्तक पढ़नेको नहीं दी जाती, न लिखाया ही जाता है, किन्तु ज्ञान के साथ-साथ, उन्हें बहुतसी संख्या तथा अक्षरों और अङ्कोंका बोध स्वयं ही खेलते-खेलते हो जाता है। ध्रुव, सप्तर्षि आदि कई तारोंको वह पहिचानने लगते हैं। वस्तुओंकी संज्ञाका कोष उनका बड़ा हो जाता है। माता, पिता, अभिभावक, और आस-पासके वायु-मण्डलको भी शुद्ध भाषाका प्रयोग करते देख उनकी भाषा बहुत शुद्ध होती है।"

जब वहाँसे देखकर हमलोग उतरे, तो बालकोंके शयनागारकी ओर चलनेके लिए कहा गया। जाकर देखा—छोटे-छोटे बालकोंके लिए जगह-जगह झूलने टँगे हुए हैं। बालकोंके सोनेके लिए पलंगपर अच्छे-अच्छे मुलायम गद्दे बिछे हुए हैं। सर्दीमें कमरेको गर्म करनेका पूरा प्रबन्ध है। रात्रिमें बालक बहुत कम यहाँ रह जाते हैं। अधिकतर अपनी जननियोंहीके पास सोते हैं। कुछ जो रहते हैं, वह अपनी उद्यानकी माताओं की गोदमें सोते हैं। शयनागारकी बगलमें भोजनागार है। बगलमें पाकशाला है, जहाँ बालकोंके लिए ताजा-ताजा भोजन बनता रहता है। अब ग्यारहका समय नजदीक आ रहा था, अतः उद्यानका और अवलोकन करना न हो सका। दूरसे छोटी-छोटी छतरियोंके नीचे कुछ मूर्तियाँ सी दिखाई पड़ीं। पूछनेपर मालूम हुआ कि वहाँ बालकोंके इष्ट-देव ऐतिहासिक महापुरुषोंकी संगमर्मर की मूर्तियाँ हैं, जहाँ पहुँचते ही बालक 'कथा'-'कथा' की धुन लगा देते हैं। बिना उस महापुरुषकी एक दो जीवन-घटना सुने चैन नहीं लेने देते।

जानकीने घड़ी देखकर बतलाया कि अब ग्यारहमें पाँच मिनट बाकी हैं। हम लोग उद्यान-परिवार से विदा हुए।

उस दिन उतना ही देखना था। दूसरे दिन अब यहाँसे नालन्दाको

प्रस्थान करना था। विश्राम-घर लौट आनेपर विश्वामित्रके साथ यात्राके समय तथा मार्ग आदिपर विचार हुआ। विश्वामित्रने पूछा—"क्या यहाँसे सीधे नालन्दा चलना होगा ?"

"सीधे तो चलना होगा, किन्तु सीधे इसी अर्थमें कि रेलमें चढकर फिर बीचमें उतरना नहीं।"

"रेलसे चलनेमें समय कुछ अधिक लगेगा: यदि विमानसे चलना हो, तो आध घंटेका रास्ता है।"

"इतनी जल्दी चलना भी अभीष्ट नहीं है। रेलसे चलो, तिसमें भी जो ट्रेन सब स्थानोंपर खड़ी होती जाय। उससे और जाना भी उस लाइनसे चाहिये, जिसके द्वारा मैं आया गया हूँ, क्योंकि मैं रास्तेके आस-पासकी बस्तियोंके परिवर्तन आदिको देख सकूँगा। अब इधर जल्दी तो आना नहीं है, इसलिए मेरी सलाह है कि यहाँ से रक्सौल, सुगौली, मोतीहारी, मुजफ्फरपुर, पटना और बख्तियारपुर होते नालन्दा चलें, किन्तु रास्तेमें कहीं विश्राम नहीं लेना है—केवल जहाँ गाड़ी बदले, वहाँ बदलने भरको उतरना है।"

"गाड़ी भी पटना ही बदलेगी। बख्तियारपुर जानेका काम नहीं, पटनासे सीधी नालन्दाको लाइन गई है। रेलवे लाइनोंमें भी बड़ा परिवर्तन हुआ है। अब भारतमें क्या, पृथ्वी-भरकी लाइनें एकसी ही चौड़ी हैं। वह चौडाई आपके समयके ई० आई० रेलवेसे कुछ कमकी है। इसलिए अब बी० एन्० डब्ल्यू० रेलवेकी छोटी लाइन, और बख्तियारपुर-बिहार वाला 'रेलका बच्चा' नहीं मिलेगा।"

"विश्वामित्र! 'रेलका बच्चा' तुमने कैसे जाना ?"

"किताबोंमें देखनेसे।"

"किन्तु, इसके सम्बन्धकी कथा तुमको न मालूम होगी; सुनो। तुम तो इतिहासके पडित ही हो। उस समयके लोगोंमें मूर्खता बहुत थी। कितने गाँवोंमें कोई चिट्ठी आनेपर दूसरे गाँवमें बँचवानेको जाना पड़ता था। जब मर्द ही अक्षरशून्य थे, तो स्त्रियोंके लिए क्या पूछना! कोई देहाती आदमी बख्तियारपुरकी उस समयकी बड़ी लाइनकी गाड़ीपर सवार था। उसने स्टेशनकी दूसरी ओर छोटे-छोटे रेलके डब्बे देखे, जो उसकी गाड़ीके सम्मुख

वैसे ही थे, जैसे बापके सामने उसका छोटा उसने बच्चा। ऐसी छोटी रेलगाडी अब तक न देखी थी। अपने पासके किसी आदमीसे पूछा, जो स्वय भी निरक्षर—किन्तु तर्क कुशल—था, कि यह क्या है। उसने कहा—'रेलका बच्चा'। पहले ने पूछा—क्या रेल भी बच्चा देती है? उसने कहा—देख ही रहे हो; हाथीका बच्चा हाथी नहीं देखा है? उसने कहा—हाँ, सच कहते हो, बिलकुल शकल-सूरत भी मिलती है; खाली छुटाई-बड़ाई ही का तो फ़र्क है। अच्छा, तो बेचारा 'रेलका बच्चा' भी गया, उसके बोलनेवाले भी। पटना तक जब गाड़ी नहीं बदलेगी तब तो गंगामें पुल बँध गया होगा।"

"१६५० हीमें।"

"अच्छा तो कल किस समय चलना चाहिये?"

"कल साथी इस्माइलसे बात हुई थी। कहते थे कि मोहनपुर स्टेशन-पर चढ़ना है। वहाँ वाले भी बहुत उत्सुक हैं। उनका आग्रह तो एक रात आतिथ्य करनेका था, किन्तु आपकी दूसरी इच्छा देखकर उसमें बाधा नहीं डालना चाहते। कल जलपानके बाद यहाँ वालोंकी अन्तिम फूल-माला लेकर आठ बजे चलना चाहिये। साढ़े आठ बजे वहाँ पहुँच जायँगे। ग्यारह बजे मध्याह्न भोजन करके वहाँसे बारह बजे रेलपर सवार होना चाहिये।"

"ठीक है, यही प्रबन्ध करो।"

विश्वामित्रने, इन बातोंको इस्माइलसे कहा। और इसकी सूचना उसी दिन मोहनपुर, तथा बीचके स्टेशनों एवं नालन्दाको भेज दी गई। रेलका समय देखकर ज्ञात हुआ कि गाड़ी सवारी-गाड़ी है, जो सब जगह ठहरती जाती है। हमलोग इस तरह चलकर परसों सबेरे साढ़े छः बजे नालन्दा पहुँच जायँगे।

८

रेलकी यात्रा

आज जलपानके पहले मेरे निवास-स्थानपर प्रियंवदा और इस्माइल अतिरिक्त देवमित्र, आचार्य विश्वामित्र आदि अनेक व्यक्ति आ गये थे।

हमलोग साथ ही भोजनागारको गये। संस्थागार में गाँवकी ओरसे फूल-माला देकर मेरी विदाईका प्रबन्ध हुआ था। जलपानके बाद हमलोग संस्थागारमें पहुँचे। वहाँ सब लोगोंकी ओरसे देवमित्रजीने मेरेलिए प्रेमोद्गार प्रगट किये। साथ ही मुझे अष्ट-धातुके पत्रपर स्वर्णाक्षरोंमें मुद्रित एक काव्यमय अभिनन्दन-पत्र दिया गया। कवयित्री वही प्रियवदा थीं। मैंने उत्तरमें ग्रामवासियोंके अकृत्रिम प्रेमके प्रति अपनी कृतज्ञता तथा सन्तोष प्रकट किया।

अब सबके अभिवादन और प्रेममयी दृष्टिसे आप्लावित हो, सेवग्रामसे मैं और विश्वामित्र विदा हुए। साथमें हमारी मोटरपर इस्माइल-दम्पती, तथा देवमित्र भी चले। हमारे चलनेकी सूचना फोनद्वारा मोहनपुर पहुँच गई थी।

गाँवके बाहर ग्रामणी तथा अन्य सभ्य स्त्री-पुरुषोंने पहले हमारा स्वागत किया, और कहा, सब ग्रामवासी संस्थागारमें प्रतीक्षा कर रहे हैं। हमलोग मोटरसे बिना उतरे, सीधे संस्थागारमें पहुँचे। मकानोंकी सुन्दरता और ढंग बिल्कुल सेवग्राम ही सा था, बल्कि देखनेवालेको एक ही ग्रामकी भ्रान्ति हो सकती थी। विश्वामित्रने बतलाया, स्थानके संकोच, जन-संख्याकी कमी-बेशीसे गाँवकी लम्बाई-चौडाईमें भले ही फ़र्क़ पड़ सकता है, किन्तु श्रेणियाँ, सड़कें, संस्थागार आदि सबके नक्शे देशके सभी ग्रामोंमें एक-से होते हैं। जल-वायुकी विशेषतासे भी कुछ आवश्यक परिवर्तन रखा जाता है।

मोहनपुरके विषयमें मालूम हुआ, यहाँकी जन-संख्या सेवग्रामके ही बराबर है। यहाँ बर्फ़ बनानेका एक कारखाना है। और दूसरा व्यवसाय आस-पासके १४-१५ फलवाले गाँवोंके फलोंको भिन्न-भिन्न जगहोंपर चालान करना है। इस पर्वतके फल लंका और बर्मा तक जाते हैं। इतनी दूर तक जानेमें कोई भी फर्क न पड़े, इसलिए उनके रखनेकी गाड़ियोंमें चारों ओर बर्फ रक्खी रहती है। फलोंको ढोनेवाली मोटरोंपर फल रखनेके लोहेके जालीदार बड़े-बड़े बर्तन रहते हैं। एक मोटरपर ऐसा एक ही बर्तन रहता है। फलोंके बोझसे नीचे-वाले फलोंको बचानेके लिए बीच-बीचमें दूसरी जाली रहती है। मोटरगाड़ीके स्टेशनपर पहुँचते ही, उठानेकी कल-द्वारा सारा बर्तन ही उठाकर रेलके डब्बे में रख दिया जाता है। रेलका डब्बा ऐसे नापका बना होता है, कि पाँच मोटरोंके माल उसमें बिल्कुल ठीक अँट जाते हैं। फलोंकी गिनती देना

बगीचोंवालोंका काम है। इस प्रकार कोलम्बो (लंका)के लिए जानेवाला सेव एक ही गाड़ीमें मोहनपुरसे वहाँ पहुँच जाता है।

मोटरसे उतरकर संस्थागारके रंगमंचपर पहुँचनेपर, मोहनपुरके नर-नारियोंने वैसा ही हार्दिक स्वागत किया, जैसे कि सेवग्रामवालोंने किया था। वहाँके ग्रामणीने भी मेरे विषयमें अपने सद्भाव ग्राम-वासियोंकी ओरसे प्रकट किये। मैंने भी इसके लिए कृतज्ञता प्रकट की। इसके बाद फूल-माला दी गई। पीछे सबने भोजनका समय हो जाने से, भोजनागारमें जाकर भोजन किया। सब जगह प्रेम और आनन्दका स्रोत उमड़ रहा था। समय न होनेसे यहाँके और स्थानोंको तो नहीं देख सका। संस्थागार और भोजनागार बिलकुल वैसे ही थे, जैसे कि सेवग्रामके। पूछनेसे पता लगा कि शिशु-उद्यान, चिकित्सालय भी वैसे ही हैं। द्वार भी नदीकी ओर है और चिकित्सालयसे थोड़ा हटकर बर्फका कारखाना है। ये बातें स्टेशनको चलते समय मुझसे कही गई थीं। मैंने बार-बार उधर इस ख्यालसे देखा कि कारखानेकी चिमनी तो दिखाई देगी; किन्तु मुझे यह स्मरण नहीं था कि काम तो बिजलीसे होता है, फिर चिमनीका क्या प्रयोजन—धुआँ-धक्कड़का काम?

स्टेशनपर पहुँचे। पहलेसे ही मालूम था कि गाड़ीके आनेमें दो मिनटकी देरी है। अतः हमलोग थोड़ी देर अतिथि-विश्राममें बैठ गये थे; क्योंकि विश्वामित्रने बतलाया था कि अब न स्टेशनोंपर पान-बीड़ी-सिगरेट और न मिठाइयोंकी दूकान, न 'कुली चाहिये', 'कुली चाहिये' का तूफान, न मुसाफिर-खानोंकी 'भेड़िया-धसान', और न भूखे-भिखमंगोंका 'जय जजमान' है। मैंने पूछा—खैर और न सही, किन्तु मुसाफिरखानों बिना तो मुसाफिरोंको अवश्य तकलीफ होती होगी? इसपर विश्वामित्रने बताया तकलीफ काहेकी? खाम-खाह तो कोई उतरता नहीं। जो जहाँ जाना होता है, वहीं तो उतरता है। गट्ठर, बिस्तरेका तो कोई बखेड़ा है ही नहीं। अभीष्ट ग्राम समीप रहा, तो अतिथि-विश्राममें पैदल ही चलकर पहुँच गये। नहीं तो फोनमें दो अक्षर बोलनेपर तो मोटर आती है।

आखिर गाड़ी भी आ गई। आज पूरी दो शताब्दियों-बाद रेलकी सूरत देखी। लाइन तो बड़ी लाइनसी थी; डब्बे भी बहुत अच्छे, सुन्दर रँगे हुए

थे। नई बात यह मालूम हुई कि इजन चिन्हाई ही नहीं पड़ता था। न धुएँका फक-फक, न कालीमाईके रहनेका औंधा हौदा। इजनके आगेका आकार हवाके धक्केको कम करनेके लिए नोकदार बना है, इजनकी दूसरी पुरानी विशेषतायें नहीं हैं। यह सब काया-पलट विजलीके कारण हुई है। अब कोयला-पानीसे भाफ बनानेकी तो आवश्यकता है नहीं। बिजली भीतर भरी रहती है। कुछ तो कोष बाहरसे लाकर रखा जाता है, और कुछ खुद रेलके पहियोंसे उत्पन्न बिजलीके सञ्चय करनेसे हस्तगत कर लिया जाता है। आज-कलकी दुनिया अर्थ-शास्त्रके तत्त्वोंपर बहस करनेमें, जहाँ बालकी खाल उतारती है, वहाँ श्रम एव, वस्तुको जरा भी फ़जूल नहीं जाने देती। मजाल क्या कि एक टुकड़ा सड़ा-गला लोहा, एक जरा-सा शीशीका फूटा टुकड़ा, एक मामूली चीथड़ा, एक रद्दी काग़जकी चिट व्यर्थ फेंक दी जाय। सभी चीज़ें गाँवके गोदाममें जमा होती रहती हैं, पीछे वहाँसे उनके उपयोग करनेवाले कारखानोंमें भेज दी जाती हैं। हाँ, तो रेलमे बाहरसे नाम-मात्र ही बिजली लेनी पड़ती है, और पहियों-द्वारा उत्पन्न बिजलीसे ही गाड़ी चलाना, पखा चलाना, रोशनी करना, भोजनकी गाड़ीमें रसोई बनाना, कमरे गर्म रखना, नहानेका पानी गर्म करना इत्यादि सब काम होते हैं। स्टेशनपर भी, न टिकटोंकी है-है पट-पट न पुलिसकी फटकार। पुलिसके बारेमें तो इतना ही ज्ञात हुआ कि ग्राम-सभाके चुनावके साथ कुछ लोग इस कार्यके लिए चुन लिये जाते हैं। चोरी आदिका तो डरही नहीं है। ऐसे तो शिक्षित-समाज अकारण मार-पीट आदिपर उतर नहीं आता, किन्तु यदि कुछ हुआ, या किसी अपराधी को पकडना, ले जाना हुआ, तो उस वक्त यह काम उन्हींको करना पड़ता है। वस्तुतः उन्हें पुलिस न कहना चाहिये। इनके लिए प्रयुक्त होनेवाला 'सेवक' शब्द ही ठीक है; क्योंकि वे अत्यन्त विनीत और सेवामे तत्पर होते हैं। रेलोंमें चढनेके लिए टिकटकी आवश्यकता न होनेसे 'टिकट बाबू' और 'टिकट-कलक्टरों'की आवश्यकता न रही। सब जगह सन्देश तारवाले टेलीफोन या बेतारवाले टेलीफोन-द्वारा भेजा जाता है। इसलिए 'टू-टक्'वाले बाबूका भी काम नहीं। समयपर लाइन साफ रखने तथा और प्रबन्ध करनेके लिए अन्य कर्मचारी होते हैं। किन्तु 'खलासी', 'पैटमैन' और स्टेशन-मास्टर सब बराबर ही हैं—

बल्कि सब एक दूसरेका काम भी कर सकते हैं। कारबार के लिए यह कहनेकी तो आवश्यकता नहीं कि सब कुछ **'भारती'-भाषा** ही में होता है। फलोंकी चालानका एक केन्द्र होनेसे, यहाँ चढ़ाई-उतराई तथा ढोनेका काम बहुत होता है। इस मशीन-युग के यौवन काल में सब काम उन मशीनों ही द्वारा कराये जाते हैं, जिनकी नसोंमें विद्युत्का संचार है। मनुष्य तो सिर्फ हुक्म देता है। सवारी-गाड़ीके खड़े होनेके 'प्लेट-फार्म'से कुछ दूरपर मालगोदाम है, जिसके पास ही पीछेकी ओर बर्फका कारख़ाना है। प्लेटफार्म बहुत सुन्दर, चिकना तथा आस-पास फूलोंसे सज्जित है।

स्टेशन-मास्टरसे भी परिचय हुआ। गाड़ीके आते ही हमलोग सवार हुए। न मेरे पास कोई बिस्तरा था, न विश्वामित्रके पास। और भी कितने ही आदमियोंको सवार होते देखा, किन्तु मानों सबने कुछ न ले चलनेकी कसम खा ली थी। सब लोगोंके पास उतने ही कपड़े थे, जो उनके बदनपर—न बिछौना, न ओढ़ना, न तकिया, न ट्रङ्क, न लोटा-गिलास-थाली-तसला, न हुक्का-चिलम, न तम्बाकू।

सचमुच 'सलाई-टिकिया-दियासलाई', 'चाह गरम', 'कबाब रोटी', 'दाँतकी मिस्सी', 'सोडा-वाटर-बर्फ' आदि कोई भी पूर्व-परिचित शब्द मेरे कानोंमें न आये। गाड़ी क्या थी, छोटे छोटे खिड़की-जंगलोंवाले जगमगाते मकान थे। फर्स्ट, सेकेण्ड, थर्ड क्लासका पता नहीं, बस, एक ही तरहकी गाडी, एक ही तरहका बिछौना—चाहे इसे 'फर्स्ट क्लास' कहिए, या 'थर्ड'। चढ़नेके लिए द्वार दूर-दूरपर थे। हमलोग इंजनके पासहीके डब्बेमें चढ गये। अब गाड़ीमें देर न होनेसे प्रियवदा, इस्माइल, देवमित्र तथा मोहनपुरके सभ्य-जन विदा हुए। इजन चलानेवाले महाशयको मेरे चढनेकी खबर हो गया थी। उन्होंने घंटी दे, गाड़ी छोड़ दी। मैं गाड़ीमें खड़ा हो देखता हूँ, गाड़ीके एक ओरसे रास्ता गया है, और उसको दूसरी ओर सोने लायक बेंचें हैं, जिनपर मुलायम गद्दे लगे हैं। मैंने विश्वामित्रसे कहा—पहले बुड्ढेको तुम्हारी नई दुनियाकी गाड़ी देख लेने दो। हम लोग इजनके पाससे चले। जिस गाड़ीमें जाते, वहीं स्वागत होता। स्त्री-पुरुष सब अपनी-अपनी बेंचोंपर बैठे थे। कोई पुस्तक पढ़ रहा था; कोई आजका ताजा

समाचार-पत्र। समाचार-पत्रोंकी धूम अब भी कम नहीं। किन्तु 'बक' और 'कम्पनियों'का इश्तिहार नहीं। अफसोस, अब 'जो चाहो सो पूछ लो', 'त्रिकाल-दर्शी आईना', 'असली मुमीरा', 'फायदा न करे तो दाम वापस', घर बैठे एक हजार रुपया महीना कमा लो', 'मुफ़्त! मुफ्त! मुफ़्त' इत्यादि शब्दावलियोंका पता नहीं। अखबारवालोंकी बड़ी-बड़ी व्यर्थकी सुर्खियाँ भी नहीं। न 'खास संवाददाता' अथवा 'रूटर-द्वारा'का पता है। महत्त्व-पूर्ण समाचारोंपर सुर्खियाँ अवश्य हैं, किन्तु अब बाहरी तड़क-भड़क दिखलाकर ग्राहक-संख्या तो बढ़ानी नहीं है। पत्रोंके कलेवर भी भारी ओढने-पहिनने लायक नहीं। विचारणीय विषय मासिक-पत्रोंमें आते हैं। दैनिक-पत्र केवल संसारके दैनिक समाचारोंका संक्षेपमें संग्रह करते हैं। यह प्रत्येक प्रान्तके मुख्य स्थानसे उसीके नामसे निकलते हैं। शायद यह कहनेकी आवश्यकता न होगी कि वह आवश्यकता अनुसार स्थान-स्थानपर उतनी संख्यामें भेजे जाते हैं, जिसमें कि प्रत्येक नर-नारी उन्हें, आसानीसे पढ सकें। काम हो जानेपर, कागजके कारखानोंमें जाकर ये पुराने अखबार सादे कागज बन, फिर दूसरी बार अपने कलेवरको काला करानेको तैयार हो जाते हैं।

मासिक पत्र बड़ी तड़क-भड़कसे, चित्रोंसे सुसज्जित होते हैं। फोटो-ग्राफीका भी अब यौवन है। इतना ही नहीं कि इससे आकृतिके साथ जैसे-का-तैसा रंग ही उतरता है, बल्कि अब चित्र भी एक सेकण्डमें बेतार-के-तार-द्वारा पृथ्वीके दूसरे छोर पर ज्यों-के-त्यों उतर कर समाचार-पत्रोंमें आ जाते हैं। मैं जिस दिन सेब-ग्रामके बागमें आया, उसी दिन मेरा चित्र संसारके समाचार-पत्रोंमें मुद्रित हो गया। प्रत्येक साइंसके पृथक्-पृथक् मासिक पत्र निकलते हैं।

हम लोग अब रेलगाड़ीके पुस्तकालयमें पहुँच गये थे। यहाँ पत्रों और पत्रिकाओंका ढेर लगा हुआ था। यद्यपि दो-तीन आलमारियाँ पुस्तकोंकी भी थीं, किन्तु पत्र-पत्रिकायें ही अधिक। ज्योतिष, गणित, अध्यात्म, इतिहास, भाषा-विज्ञान, मनोविज्ञान, दर्शन, साहित्य, विद्युत्, कृषि, आयुर्वेद, वनस्पति, प्राणि आदि साइंसोंकी पृथ्वीके भिन्न-भिन्न छोरसे निकलनेवाली पत्रिकायें वहाँ मौजूद थीं। नर-नारी कहीं किसी दार्शनिक तत्त्व पर आलोचना कर रहे थे; कहीं नवीन समाचारको लेकर आनन्द या शोक प्रगट कर रहे थे, कहीं

साहित्य-सिन्धुमें गोते लगा रहे थे, तों कहीं उपन्यास ही पढ-सुन रहे थे; और कहीं सङ्गीत मडली जमी हुई थी। पुस्तकालयकी गाड़ीके बाद भोजनालय है। यात्रियोंको घरकी तरह यहाँ बना-बनाया भोजन मिलता है। भोजनका समय यात्रामें भी वही है। घण्टा बजते ही लोग तैयार होकर बेंचों पर बैठ जाते हैं। भोजनालयसे लकड़ीके तख्तेपर भोजनकी सामग्रियाँ परोसी बिजलीके द्वारा सरकती हुई वहाँ पहुँच जाती हैं। भोजन खानेके बाद सब तख्ते बिजली-द्वारा ही लौटा लिये जाते हैं। पानी पीने तथा नहानेके नल जगह-जगह लगे हुए हैं। पायखानोंका प्रबन्ध गाड़ीके अन्तमें है। ये भी बड़े साफ हैं; किन्तु पहलेकी रेलोंकी तरह जहाँ-तहाँ पायखाना गिर नही पड़ता, उसके जमा होनेका स्थान है और खास स्टेशनोंपर पायखानों के नलोंमें गिरा दिया जाता है। शोधक तो जल-देवता हैं ही।

भोजनालयके कमरे को पारकर, हमलोग आगे चले। कितनेही लोग बैठनेका आग्रह करते थे, किन्तु मैं यह कह देता था कि जरा आपके युगकी गाड़ी तो अच्छी तरह देख लूँ। आगे चलकर एक गाड़ी बीमारोंकी थी। इसमें पाँच-छः बीमार बड़े आरामसे लिटाये गये थे। उनकी सेवामें दयामयी दाइयाँ तत्पर थीं। कोई किसीको पुस्तक पढकर सुना रही थी; कोई बात-चीतसे मन-बहलाव करती थी। पासकी मेजपर गर्म रखनेवाले बर्तनोंमें दूध, और निकट ही सेब, अंगूर आदि ताजे-ताजे फल अच्छी तरह सजाकर रखे हुए थे। इन रोगियोंमेंसे दो तिब्बतसे आ रहे थे। चिर-रोगी होनेसे उनकी विशेष चिकित्साके लिए तक्षशिला ले जाया जा रहा था। तीन और रोगी नेपालगणके भिन्न-भिन्न स्थानोंके थे। उन्हें वैद्योंने समुद्र-यात्राकी सम्मति दी थी। चिकित्सा और सुश्रूषाका समुचित प्रबन्ध होनेसे रोगीकी आधी पीड़ा तो ऐसे ही भूल जाती है। भला यह आराम पहले जब बड़े-बड़े धनिकोंके लिए भी दुर्लभ था, तो सामान्य जनोंकी बात ही क्या!

सब गाड़ियोंकी एक बार सैर करके हमलोग एक स्थानपर आकर बैठे। उस समय मुझे ख्याल आया कि एक यह समय है और एक वह भी समय था जब संसारमें सबसे कड़ी मिहनत करनेवालेको ही सबसे अधिक दुःख था। [illegible] रेलोंमें भी जब चलते तो उनकेलिए खड़े

होनेके लिए पर्याप्त स्थान न था। लोग एक-पर-एक भेड़ोंकी तरह जेठकी कड़ी गर्मीमें भी कस दिये जाते थे। उस भीड़में कहीं बच्चा दबता रहता था कहीं औरत। कुछ उज्र करनेपर कहा जाता—इतनी भीड़में जाते क्यों हो, दूसरी गाड़ीमें क्यों नहीं जाते? किन्तु दूसरी गाड़ी आने तक तो किसीका मुकदमा बिगड़ता था, किसीकी लगन बीतती थी, किसीका बन्धु मरता था और किसीका खर्चा खतम होता था। और यह सब सह भी लें, तब भी कौन जानता है कि अगली गाड़ी खाली आयेगी, जिसमें टाँग-पसारे सोते जायँगे। यह बैठने-सोनेका आराम, यह पढने-लिखनेका सुभीता, यह खाने-पीनेकी बेफिक्री पहले कहाँ नसीब थी? पैसेवालोंकी पाकेट भी तो चलते-चलते गायब हो जाती थी।

हमारे पासहीमें एक मध्यमवयस्का महिला बैठी हुई थीं। पूछनेपर पता लगा, आप आन्ध्र-विश्वविद्यालयकी आचार्या हैं। आज छः मासके बाद एक बड़ी यात्रासे लौटी जा रही हैं। आपकी यात्रा समुद्र, आकाश, पृथ्वी तीनों द्वारा हुई है। आप मद्राससे जहाजमें सवार हुईं; वहाँसे लकामें दो-चार दिन प्रसिद्ध-प्रसिद्ध स्थानोंको देखती हुई जावा और बाली-द्वीपोंको गईं; फिर आस्ट्रेलिया। मैंने उनसे पूछा, आस्ट्रेलियामें क्या केवल गोरे लोग बसते हैं? उन्होंने कहा, अब कहीं केवल गोरे, या काले, या पीले, या लाल नहीं बसते। सभी जगह सब रगके लोग बसते हैं। मुझे आपका परिचय है। मैंने 'ल्हासा'में आपका चित्र और वृत्तान्त पढा था। आप बीसवीं शताब्दीकी बात करते हैं। उस समय भारतमें ऊँच-नीच भावोंसे भरी नाना जातियाँ थीं; वैसे ही, दूसरे देशोंमें भी स्वार्थ-पूर्ण वर्ण-भेद, वर्ग-भेद थे। अब उनका कहाँ पता है? हमारे आन्ध्र प्रान्त, तामिल प्रान्त, अथवा केरल प्रान्तमें यदि पहलेकी बातें स्मरण करके पूछें—क्या अब भी तुम्हारे यहाँ 'परिया' हैं, अब भी तुम्हारे यहाँ 'थीया' हैं, अब भी वह 'अय्यर और 'नम्बूदरीपाद' हैं, जो 'थीयों'की छायासे अपवित्र हो जाते थे?

मैं—"तो क्या, आपके कहनेका मतलब यह तो नहीं कि अब यह बातें बिलकुल नष्ट हो गईं?"

महिला—"नष्ट ही नहीं हो गईं, कबकी भूल भी गईं। अब वह बातें

इतिहासके जिज्ञासुओंके लिए पुस्तकोंमें रह गईं है। अब आस्ट्रेलिया या किसी भी स्थानमें पुराना पक्षपात और दुराग्रह नहीं। सब जगह आगत अतिथिकी वैसी ही पूजा होती है, जैसी अपने देशमे।"

मैं—"मैं आपको प्रायः हिन्दो अथवा 'शुद्ध भारती' भाषा बोलते देख रहा हूँ। आपके देशकी 'इकड़े-'तिकड़े' वाली बोली तो इधरवालोंके लिए कोई अर्थ ही नहीं रखती थी। आपने यह भाषा कब, और कहाँ सीखी?"

महिला—"प्रत्येक भारतीयकी 'भारती' तो मातृ-भाषा है। मेरी भी यह मातृ-भाषा ही है।"

मैं—"तब क्या आन्ध्रवालोंकी 'तेलगू' मातृ-भाषा नहीं?"

महिला—"यह नहीं कह सकती हूँ। तेलगू भी लोग जानते हैं। बहुत दिनों तक अर्थात् २०६६ ई० तक, उनका आग्रह था कि हमें तेलगूको मातृ-भाषा तथा सर्व व्यवहारोपयोगी बनाये रखना चाहिये। किन्तु सारे भारतकी उपयोगी राष्ट्रीय भाषा होनेसे 'भारती' तो पढ़नी ही पड़ती थी, नहीं तो मनुष्यको कूप-मडूक बन जाना पड़ता। लोगोंने इस दोहरे परिश्रमके लिए सबका बहुत-सा समय बरबाद करना उचित न समझा। उधर जब सार्वभौम गण होनेसे पूर्व ही एशियावालोंने एक राष्ट्र बनाकर सार्वभौमीको अपनी अन्तर्राष्ट्रीय भाषा बनाई, तो लोगोंपर और प्रभाव पड़ा। अब 'भारती'के साथ सार्वभौमीका भी जानना प्रत्येक नागरिकको अनिवार्य हो गया। इसलिए 'भारती' ही मातृ-भाषा हो गई। यह केवल वहीं, 'तामिल', 'केरल', 'कर्नाटक'में भी।"

मैं—"तो क्या आपने अपनी प्राचीन मातृ-भाषाओंकी चिताओंपर 'भारती'का महल उठाया है?"

महिला—"भाषा तो अस्थिर होती है। कौन भाषा है, जो दो सौ वर्ष तक एक रूपमें रह गई? हमारे पड़ोसमें ही 'तमिलनाड' है। वहाँ ८-१० शताब्दियोंसे भी पूर्व जो भाषा थी, वह आपकी बीसवीं शताब्दीकी 'तमिल'से पृथक् 'शन्तमिल्' कही जाती थी। उस समयके लोगोंके बिना पूरा श्रम और समय लगाये उसका समझना असम्भव था।"

मैं—"तो आपकी रायमें भाषा और उसके साहित्यकी रक्षाका प्रयत्न ही निरर्थक है ?"

महिला—"नहीं, मैं यह नहीं कहती। भाषाकी भी यथावसर रक्षा होनी चाहिये। साहित्यको तो अक्षुण्ण रखना चाहिये। किन्तु केवल भाषाकी रक्षाके लिए मनुष्य जातिकी एकताका बलिदान नहीं किया जा सकता। उसकी रक्षाका काम जातिके कुछ आदमी कर सकते हैं। जिनकी भाषा-विज्ञान, इतिहास अथवा विशेष साहित्यकी ओर स्वाभाविक रुचि हो; यह भार उनके ऊपर निश्चिन्तता-पूर्वक छोड़ देना चाहिये। संसारका उपकार अनेक भाषाओंको सुदृढ़ करनेमें नहीं है, बल्कि सबके आधिपत्यको उठाकर एकके स्वीकार करनेमें है। जैसे अन्य हितके कामोंमें मनुष्योंका पूर्वका पक्षपात बाधक होता था, वैसे ही यह भी एक प्राचीन निरर्थक पक्षपात था। यह भ्रमपूर्ण पक्षपात ही तो था, जो भारत बीसवीं शताब्दीमें नाना जातियोंमें विभक्त हो आपसहीमें कट-मर रहा था। यह वही अन्ध-विश्वास था, जिसके कारण इंग्लैण्ड 'दशमलव' तथा 'मात्रिक' मापोंको फ्रांसका समझ कर, उसे अधिक उपयोगी और शुद्ध होने पर भी उन्हें कबूल न करता था। अब उस पक्षपातका संसारमें स्थान नहीं। अब ससारके सभी स्थानोंमें अर्थ-शास्त्रीय दृष्टि एक है। एक समय था कि भारतमें ही हिन्दी-उर्दूका झगड़ा था। समय आया कि वह झगड़ा मिट गया और दोनोंकी प्रतिनिधि 'भारती' भाषा भारतकी राष्ट्रीय भाषा हुई। फिर बड़ी मुश्किलसे सारे प्रान्तोंने देवनागरी वर्णमालाका प्रान्तीय भाषाओंकी वर्णमाला होना स्वीकार किया। अन्तमें तो अब सबने 'भारती' भाषाको ही मातृ-भाषा बना लिया। पुरानी भाषा अब भी पढी जाती है। अब भी उसके साहित्यका रस लिया जाता है, किन्तु उस सकीर्णताके साथ नहीं। सभी तो साहित्य-सेवी नहीं होते। जिनकी रुचि होती है, उनके पढनेका पूर्ण प्रबन्ध है। इस समय कितनी आसानी है ? मुझे सार्वभौमी भाषाके द्वारा आस्ट्रेलिया, सम्पूर्ण एशियामें घर-सा ही मालूम पड़ा।

मैंने उक्त विदुषीके इन भावोंको बड़े ध्यान-पूर्वक सुना। पूछने पर मालूम हुआ कि आपका नाम गार्गी है। मैंने यात्राके बारेमें पूछा तो पता लगा कि आप आस्ट्रेलियामें कुछ दिन रहकर 'ब्रोर्नियो' होती हुई 'निप्पोन्'

(जापान) गई। मैंने पूछा कि आस्ट्रेलियामें आबादी कितनी है। उन्होंने बताया, १६ करोड़। चीन, भारतवर्ष और जापानकी घनी आबादीवाले देशोंके बहुतसे लोग वहाँ जा-जाकर बस गये हैं। पहलेके इंग्लैण्ड, आदि देशोंके बसे हुए भी लोग हैं, किन्तु उनको संख्या इतनी आबादीमें बहुत कम है। यह भेद भी ऐतिहासिकोंके महत्त्वका है। वहाँवालोंके लिए तो कोई भेद ही नहीं। मैंने पूछा 'फूजीयामा'को भी निप्पोनमें देखा? वहाँ १६१३ के चन्द घंटोंके भूकम्पने सात लाखकी बलि ले ली थी? उत्तरमें उन्होंने 'हाँ' कहा। पीछे वह नानकिन चली आई। फिर पेइपिंगसे मचूरियाके कई स्थानोंमें घूमती साइबेरिया पहुँची। वहाँ से उत्तरी ध्रुवका दर्शन करती हुई साइबेरिया, मंगोलिया, और तिब्बत होती अब अपने विद्यालयको लौट रही हैं। ज्योतिष शास्त्र और भूगोलसे आपका बड़ा प्रेम है। इन्हीं दोनोंके सम्बन्धमें आपने यह बड़ी यात्रा की है। हाँ, साथमें आपके दो और अध्यापक रहे, जिनमें एक 'विश्वभारती'के प्रोफेसर हक और दूसरे अलीगढ़ विश्वद्यालयके प्रोफेसर विश्वनाथ। वह दोनों सज्जन भी सामनेकी बेंचों पर बैठे थे। पहले उन्होंने भी अभिवादन किया था, किन्तु मुझे कुछ मालूम न हुआ था। बात यह है, वस्त्र तो अब सबके एकसे होते हैं, जब तक विशेष वार्तालाप न हो, अथवा कोई परिचय न कराये, तब तक कैसे जाना जा सकता है कि कौन क्या है?

आज-कलके जेल भी दूसरे ही प्रकारके हैं। बीसवीं शताब्दीके जेलोंसे इनका मुकाबिला क्या? क्या यहाँके कैदियोंकी जरा-जरा-सी बातमें गाली और जूतोंसे पूजा होती है? ऐसी बात सुनकर तो आजके लोग पहलोंकी बुद्धिपर अफसोस करेंगे। आजकल तो कहा जाता है, अपराध भी मनुष्य किसी मानसिक रोगके कारण करता है; उसकी चिकित्सा होनी चाहिये—उसको शिक्षा देकर सुधरनेका अवसर देना चाहिये। भला वह लोग क्या शिक्षा देंगे, जिन्हें कैदी अपने ही जैसा चोर-डाकू जानते हैं? इसीलिए आज-कलके जेलर होते हैं अत्यन्त नम्र, मानस-शास्त्र और आयुर्वेदके पारंगत विद्वान्। कितने ही अपराधियोंके लिये शल्य-चिकित्साकी भी आवश्यकता पड़ जाती है। रोगीको जिस प्रकार सावधानी और शान्तिसे रखा जाता है, वैसे ही अपराधीको। दंड केवल इतना ही समझिये कि उसकी पूर्ववत् स्वच्छन्दता

नहीं रहती। भोजन वैसा ही सुन्दर, वस्त्र वैसा ही बढिया, मकान-शिक्षा आदिका प्रबन्ध भी अत्युत्कृष्ट। वहाँ ऐसे शिक्षक-जेलरकी शिक्षामें रहकर वह सुधर जाता है। पीछे फिर अपने कार्य पर जाता है। जैसे आजकल रोगियोंकी सख्या अत्यन्त अल्प है, अपराधियोंकी सख्या तो उमसे भी अल्प है। बात यह है कि धनी-गरीब तो कोई है नहीं, जो वस्तु, भोजन, वस्त्र और गृह-सामग्री एकके पास है वही दूसरेके पास भी है। जब पर्याप्त तथा वैसे ही सुन्दर कोट-कमीज मेरे पास हों, जैसे कि दूसरोंके पाम, तो मै क्यों चुराऊँगा ? पेट-भर खानेके लिए सभी स्वादिष्ट पदार्थ मुझे, मेरी स्त्री, मेरी लड़की और मेरे लडकोंको बिना चोरी या दगाबाजीके मिलते हैं, तो मैं वेश्या क्यों करने जाऊँगा ? कोई चीज चुराकर बेचूँ, तो पहले दुनियामें न खरीदार ही हैं; न रुपया। रुपया लेकर भी क्या करना है ? बुढापेके लिए ? सो तो राष्ट्रकी ओरसे वृद्धोंके लिए परिचारक तथा सब प्रकारके आरामका वैसा ही प्रबन्ध है, जैसा रोगियोंके लिए। फिर रुपयोंकी आवश्यकता ? बेटों-बेटियोंके लिए ? यह भी नहीं। तीन वर्ष तक राजकुमारोंकी तरह उनके पाले जानेका वर्णन हो चुका है। तीनसे बीस वर्ष तक भी उमी प्रकारके आरामके साथ उत्तम-से-उत्तम शिक्षासे भूषित होनेका प्रबन्ध राष्ट्रकी ओरसे है ही। शिक्षा-समाप्ति-के बाद योग्य विदुषी कन्यासे इच्छानुसार ब्याह, बिना बारात, जेवर, दहेज आदिके झगडोंके हो जाता है। तब रुपयेसे मतलब !

इस प्रकार चोरी तो आजकलके शासनमें असम्भव है। जमींदारी, काश्तकारी, माल मिल्कियत किसीकी है ही नहीं, सभी राष्ट्रीय सम्पत्ति हैं। फिर दीवानी अदालतोंका खातमा ही है, साथ ही जमीनके दखल-बेदखल आदिके झगड़े, मार-पीट, खून-खराबीका होना भी बन्द है। आबकारीका कानून, फैक्टरीका कानून, सिक्कोंका कानून, स्टाम्पका कानून, हथियारोंका कानून इत्यादि हजारों कानूनोंकी जड़ें ही कट गई हैं। इनमेंसे बहुत सी चीजोंका ससारसे ही नाम उठ चुका है। अब अपराध यह हो मकता है कि बातके लिए कहीं तकरार होकर झगडा हो जाय।

स्त्री-पुरुष दोनों स्वतत्र हैं। दोनोंका पति-पत्नी-बधन प्रेमका है पतिका पत्नी पर उतना ही अधिकार है, जितनी कि पत्नीका पति पर। वह पुरुष होनेसे

उसपर कोई विशेष अधिकार नहीं रखता। ब्याह भी दोनोंके युवा होनेपर, सुशिक्षित तथा सुचतुर होनेपर, दोनोंकी पूर्ण स्वीकृतिपर, बिना किसी दबाव और बिना किसी धनादिके प्रलोभनके होता है। ऐसी अवस्थामें दोनोंका प्रेम स्थायी होना ही स्वाभाविक है। किन्तु यदि निर्वाह न हो सके—किसी कारणसे अथवा पहले जल्दी करनेसे भूल हुई—तो अब भी दोनों स्वतंत्र हैं। दोनोंके रास्ते खुले हैं। दोनों ब्याह-सम्बन्ध-विच्छेद करके अपना-अपना रास्ता ले सकते हैं। उनके वैसा करनेसे समाजकी ओरसे कोई बाधा नहीं।

इतना होनेपर भी यदि बदचलनीसे कहीं झगड़ा, फसाद या मार-पीटका मौका आ जाय, तो इससे भी जेलके लिए कैदी मिलते हैं। अनिवार्य तथा बहुत ताकीद करने पर राष्ट्रीय नियमोंको न पालन करनेपर भी मनुष्य जेल भेजा जा सकता है। संक्षेपमें अपराधी होनेके यही तीन-चार कारण हैं।

इनके देखने तथा बीसवीं शताब्दीके अपराधोंसे मिलानेहीसे ज्ञात होगा कि कैदी कितने रह जायँगे। मालूम हुआ, नैपाल भरमें एक ही जेल है, जिसमें कुल ५० कैदी हैं। बिहारमें भी एक ही जेल है, जिसके कैदियोंकी संख्या कभी सौसे ज्यादा नहीं हुई। ऐसी बात भारतहीके प्रांतोंमें नहीं, दूसरे देशोंमें भी है। पुराने जमानेमें चोरीके लिए बड़े-बड़े दंड मुकर्रर किये गये थे, जिसका कि अस्तित्व ही आर्थिक-प्रणालीके दोष पर निर्भर था। दूसरोंके परिश्रमकी कमाईको कानूनकी भूल-भुलैयामें डाल कर हड़प जानेवाले तो महाजन महापुरुष; और रात-दिन खून-पसीनेको एक कर अपने और अपनी सन्तानका पेट न भरनेसे लाचार होकर, उसी पराये मालके हड़पनेवालेकी लूटकी ढेरीसे अपनी प्राण-रक्षा भरके लिए थोड़ा ले लेना बहुत भारी अपराध समझा जाता था। बात यह है कि उस समयकी धारणा ही दूसरी थी। दो-चार आदमियोंको लेकर दूसरेका धन हरनेवाले चोर, सौ-पचास लेकर दिन दहाड़े लूटनेवाले डाकू, दस हजार लेकर दूसरोंकी जन्मभूमि छीन लेनेवाले विजयी—दिग्विजयी कहलाते थे। सिकन्दर और एक डाकूमें तात्विक दृष्टिसे तो कोई भेद नहीं; केवल परिमाणका भेद था। परिमाणके भेदसे तो कुछ और ही होना चाहिये

था, क्योंकि थोड़े पापवाला थोड़ा पापी, बड़े पापावाला बड़ा पापी होता है। इस तरह तो सिकन्दर आदि बड़े चोरोंकी बड़ी निन्दा होनी चाहिये थी, किन्तु वह दुनिया ही दूसरी थी। चोर कौन कहे, उलटे लोग उन्हें प्रतापी, महा-प्रतापी, दिग्विजयी, विश्वविजयी कहने लगे। साराश यह कि उस समयके अनेक अपराध कृत्रिम तथा बलात्कारसे कराये जाते थे।

हमारी गाड़ी दनादन चली जाती थी। कहीं चढाई और कहीं उतराई, तो कहीं पहाड़की सुरंगमें होकर रास्ता था। अभी आस-पासके पहाड़ों पर अनेक प्रकारके फलोंका ही बागीचा था। आखिर कुछ घटों चलनेके बाद हमारी गाड़ीने पहाड़ छोड़ा। अब घने जंगलोंका रास्ता था। पुराने-पुराने शालके ऊँचे और मोटे वृक्ष थे। बीच-बीचमें और भी बड़े-बड़े दरख्त थे। मुझे मालूम था ही कि इस तराईमें बाघ और हाथी कई तरहके जानवर होते थे। मैंने उनके बारेमें पूछा। मुझे बतलाया गया कि इन जंगलोंमें उन हिंसक जीवोंका नाम नहीं। सारे हिंसक जीव मार डाले गये हैं। उनके मूलकी रक्षा प्राणि-संग्रहालयोंमेंकी जाती है; जो दो-चार नर और मादा रखे गये हैं, उनके खानेके लिए नकली मासके टुकड़े दिये जाते हैं जिन्हें वह पहिचान नहीं सकते। हाथियोंको भी फँसा-फँसाकर जंगल खाली कर दिया गया है। उनका भी जाति-उन्मूलन क्रियासे प्रायः विनाश-सा ही कर दिया गया है। अब केवल प्रदर्शनी तथा विद्याके उपयोगके लिए कुछ रखे गये हैं। अब यह जगल निष्कटक हो गया है।

अभी दो-तीन कोस गये होंगे कि एक स्टेशन आया। यहाँके माल-गोदाम बहुत भारी तथा यहाँसे दो लाइनें जंगलोंकी ओर गई थीं। उनके बारेमें पूछनेपर मालूम हुआ कि ये लाइनें दूर तक गई हैं। यहाँसे पूर्व, थोड़ी दूरपर, एक बड़ा भारी ग्राम है, जिसका नाम कागज-ग्राम है; जिसमें दस हजार लोग बसते हैं। बस्तियोंका ढंग दूसरे ग्रामोंका सा ही है। वहाँके निवा-सियोंको भी किसी प्रकारकी सुख-सामग्रीसे वंचित होना नहीं पड़ता। कागज-ग्राममें कागजका बड़ा भारी कारखाना है। लकड़ियोंके काटने, टुकड़े करने, उठाकर कारखाने तक लाने, चीरने-फाड़ने, पकाने-गलाने, 'पल्प' तैयार करने, कागज बनाने, काटने, तह-लगाने, आदि सभी कामोंके लिए बिजली-द्वारा

चलाई जानेवाली मशीनोंका प्रयोग किया जाता है। यहाँसे कागज तैयार होकर छापाखानों में जाते हैं। रद्दी कागज, सड़े-गले कपड़ों आदिसे भरे रेलके डब्बे मैंने स्टेशनपर खड़े देखे जिनके बारेमें मालूम हुआ कि यह सब कागज बनानेके लिए जा रहे हैं। पता लगा कि कागज बनानेके सभी उपकरण बाँस, घास, लकड़ी आदि यहाँ प्रचुर परिमाणमें हैं। अतः यहाँ इसका कारखाना खोला गया है। वहाँसे आगे लकड़ीके भी कारखानोंवाले ग्राम है। जिनमे मशीनों-द्वारा लकड़ीके तख्तोंको चीरकर चौखट, किवाड़, चौकी, तिपाई आदि सभी काठके सामान बनाये जाते हैं।

अब हमारी गाडी और आगे चली। मैंने मन-ही-मन विचार किया, अब थोड़ी देरमें जङ्गलसे पार हो जायँगे। किन्तु इतनी देर होने पर भी देखा, अभी तक गाड़ी जङ्गलही में जा रही है। अब जंगलमें ज्यादा वृक्ष 'सागौन'के थे। मैंने पूछा, ऐसी लकड़ियाँ तो इधर नहीं देखी थीं। विश्वामित्रने कहा—यह लकड़ियाँ ही नहीं, पहले यहाँ खेत और गाँव बसे थे। यह सौ वर्षसे कुछ ऊपरकी बात है जब यहाँ 'सागौनका' जंगल लगाया गया, अब तो इनसे लकड़ीकी चीजें बनानेवाले यहाँ कई ग्राम हैं। इस तराईके लकड़ी और कागजके कारखानोंके बने लकड़ी और कागजसे आधे भारतवर्षका काम चलता है। इस जंगलसे वृष्टि होने और आगेके पहाड़ोंमें तरावट आनेमें भी मदद पहुँची है। तराईके सागौन और शालकी लकड़ी बड़ी दृढ और सुन्दर होती है।

गाड़ी बीचमें दो-दो तीन-तीन मिनट रुकती दनादन चली जा रही है। जहाँ-तहाँ स्त्री-पुरुष मेरे आनेका समाचार सुनकर देखनेके लिए स्टेशनोंपर आये हुए हैं। उतरनेका तो कोई काम नहीं। खिड़कीपर बैठा ही हुआ हूँ, सफेद बड़ी-बड़ी दाढ़ी खुद ही परिचय करा देती है। गाडी रुकते समय थोड़ा देरके लिए हमारी बात कट जाती है, नहीं तो बराबर गाडीकी तरह वह भी चलती ही जाती है। अब हम लोग जंगलोंके बाहर चले आये। अब सड़कके दोनों ओर हरी-हरी घासोंका मैदान है। मैंने पूछा—क्या जेठ मासमें भी अभी घासें हरी हैं। क्या तुम लोगोंने और चीजोंकी भाँति बादलोंको भी तो अपने काबूमें नहीं कर लिया! अध्यापक हकने कहा, हाँ; अब वृष्टि कराना

भी हमारे हाथमें हो गया है; आवश्यकता पड़ने पर विज्ञान-द्वारा वृष्टि कराई जाती है। किन्तु, यहाँ तो समय-समय पर हरी घासोंको जगह-जगह फैले हुए नलोंके जलको खोलकर सींच दिया जाता है। वृष्टि ऊँचे, सूखे पर्वतोंको हरा करनेके लिए कराई जाती है। नहीं देख रहे हैं, भूमि कैसी समतल, पानीके तलके बराबर है! मैंने पूछा, बरसातका पानी भूमिको काट-काटकर ऊभड़-खाबड़ नहीं बना देता? इसपर उन्होंने कहा, पानीकी चलती तो वह ऐसा करनेमें कब चूकता, किन्तु अब उसका रास्ता निर्दिष्ट है। कितना ही पानी बरसे, उन पक्के रास्तों अथवा नलों-द्वारा बड़े नालोंमें होकर नदीमें पहुँचा दिया जाता है। रेलकी सड़कको नहीं देख रहे हैं, कदम-कदमपर लोहेके पुल बँधे हुए हैं। जलके रास्तेपर कहीं जबर्दस्ती नहीं है।

अब गायोंके झुण्ड चारों ओर बिखरे हुये बड़े सुन्दर दिखाई देने लगे। अब तक तो सड़कके किनारे तार नहीं गड़े थे, किन्तु अब तो तार भी बराबर गड़े हुए थे, जिनमें गायें चलती गाड़ीके आगे न आ जायँ। बहुत ही सुन्दर और बड़ी-बड़ी गायें थीं। जिनकी सूरत देखते रहनेको तबियत चाहती थी। गायोंसे बछड़े अलग करके दूर चराये जा रहे थे। हरी-हरी घासोंको बड़े प्रेमसे गायें चर रही थीं। मैंने कहा, अब दाना-खलीकी इन्हें क्या आवश्यकता? इसपर अध्यापक विश्वनाथने कहा—तब भी खली, मक्काका दाना, कण, और चोकर इन्हें दिया जाता है। सायंकालको थानपर जाते ही इनको यह स्वादिष्ट ब्यारू कराया जाता है। मैंने जगह-जगह देखा कि लम्बे-लम्बे पक्के हौजोंमें साफ पानी लबालब भरा हुआ है। पानी इनमें बराबर आता और निकलता रहता है। यहाँ गायें आकर पानी पीती हैं; जगह-जगह हरे हरे वृक्षोंकी छाया है। कुछ गायें वहाँ भी बैठी जुगाली कर रही हैं। गायोंके झुंडमें कई भीमकाय साँड़ भी दिखाई दिये। इनमें कुछ चर रहे हैं, और कुछ 'अब्-भाँ' कर रहे हैं। साँड़ोंके देखते ही मुझे एक बात स्मरण आगई और मैंने अध्यापकसे पूछा, आप लोग खेत तो बिजलीके हलोंसे जोतते हैं; और गाड़ी भी बिजलीहीसे चलाते हैं; बैलोंके खानेवाले भी नहीं। साँड़ रखने को सौपर दो-तीन बैलोंकी आवश्यकता पड़ती होगी, फिर इतने बछड़े, जो पैदा होते होंगे, किस काममें आते हैं?

हक—कितने बछड़े ! हमलोग पैदा ही इतने बछड़े होने देते हैं, जितने साड़ोंकी आवश्यकता है। बाकी बछियाँ ही पैदा कराई जाती हैं।

मैं—तो क्या अब आपने यह विद्या भी पा ली है ?

हक—हाँ, जो-जो आवश्यकता और कठिनाई मार्गमें आती गई, हमने परिश्रम किया और उसका हल भी मिल गया।

मैंने हँसते हुए कहा—भाई ! तुमने सब बातोंमें कमाल किया। सब कठिनाइयोंको सहल और असम्भवोंको सम्भव बना दिया। तुम शायद एक भी असम्भव बात न जानते होगे। यही गायें हैं, जिनको लेकर २०वीं और और उससे पूर्व शताब्दियोंके हिन्दू-मुसलमान प्रलय तक एक दूसरेके खूनके प्यासे बन बैठे थे।

हक—वे हमारे पूर्वज चले गये, उनके लिए अब कुछ कहना तो ठीक नहीं, तो भी यह निरा अज्ञान था। दोनों अपनी हमेशाकी भलाईकी ओर नहीं देखते थे। सोना लुटा जा रहा था और कोयलोंपर लट्टमलट्ठ करते थे। सचमुच आज-कल जब कभी हमलोग पुरानी बातोंको पढ़ते हैं, तो हँसी आये बिना नहीं रहती।

अब मालूम हुआ कि अगला स्टेशन गो-ग्राम है। मैंने गो-ग्रामके विषयमें बहुत कुछ दर्याफ़्त किया, जिसका साराश यह है—इस ग्राममें पाँच हज़ार आदमियोंकी बस्ती है। असलमें आदमियोंकी बस्तीको तो गो-ग्राम न कहकर गोपाल-ग्राम कहना अच्छा होगा; क्योंकि गाँवमें तो एक भी गाय नहीं रहती। गाँव स्टेशनसे लगा हुआ है। गायोंका गोष्ठ वहाँसे एक मीलकी दूरीपर है। चरनेका मैदान तो कई कोसमें है। इस मैदानमें जहाँ-तहाँ घासके ताड़-बराबर ऊँचे ढेर लगे हुए हैं। गाय-बच्चे मिलाकर सब एक लाख तक पहुँच जाते हैं। इनमेंसे प्रायः आधी तो दूध देनेवाली गायें ही होती हैं। भला, इतनी गायोंको कौन दुह सकता है ? किन्तु विज्ञानने जैसे और कठिनाइयोंको सरल कर दिया वैसे ही इसे भी सरल कर दिया है। गायें पाँतीसे खड़ी रहती हैं; उनके बीचसे मोटे-मोटे नल गये रहते हैं; और इन नलोंसे निकले छोटे नल गायोंके नीचे जाते हैं; जिनमें लगी रबड़की नलियाँ स्तनोंमें

लगा दी जाती हैं। बस मशीन-द्वारा सभी दूध दूहकर बड़े नलों-द्वारा, रेलकी लाइनपर खड़ी दूधकी गाड़ियोंके डब्बे में गिरता है। डब्बे भरते जाते हैं और जिन जिन गाँवोंमें उनका खर्च है, वहाँ रवाना होते जाते हैं। यहाँ दूध बिना हवा देखे ही, डब्बोंमें बन्द हो जाता है। वहाँ भी उसे हवाका साक्षात्कार नहीं होती। बड़े बर्तनसे छोटे बर्तनोंमें भी ऐसे ही नलोंके द्वारा उसे ले जाया जाता है। खर्चवाले गाँवोंमें जाकर भी बन्द ही उसको बिजलीकी आँचसे गर्म कर दिया जाता है। पीनेके वक्त ही वह दूध जरा देरके लिए हवाका मुख देखता है। गो-ग्राममें दूध गर्म करने आदिका कोई बखेड़ा नहीं। यहाँवालोंका काम है गौओंकी हिफाज़त करना, उनकी अच्छी सन्तान पैदा करना, दूध निकालना, स्थान-स्थानपर आवश्यकतानुसार भेजना और बस। ब्याई, बिन ब्याई, बच्चे, सबके लिए चरने और रहनेके पृथक्-पृथक् स्थान हैं, जहाँसे बिना मर्जीके अपने आप वह इधर-उधर नहीं आ-जा सकते। गाय, भैंस, भेड़, बकरीके गाँवोंमें कुछ घोड़े भी पाले जाते है। चरवाहे घोड़ोंपर चढकर इच्छानुसार अपने गल्लेपर शासन करते हैं। बीमार, बुड्ढे पशुओंके आराम और चिकित्साका वैसा ही प्रबन्ध है, जैसा कि मनुष्योंके लिए। गाँवके लोग अपनी ड्यूटीके अनुसार आ-आकर काम करते हैं। गो-ग्राम खेतीवाले ग्रामोंको लाखों मन खाद देता है। यह खाद बराबर रेलोंपर लादकर पहुँचाई जाती है।

अगला स्टेशन भैंस-ग्रामका था। चरनेका वही मैदान आगे भी बढता चला आया था। जैसी सुन्दर और विशाल गायें देखी थीं, वैसी ही भैंसें भी दिखाई पड़ीं। इनके सामने हाँसी-हिसारकी बीसवीं शताब्दीकी भैंसें तुच्छ हैं। काली-काली देह। इनके स्तन बोतलकी भाँति भलकते थे; जिनको देखनेहीसे मालूम होता है कि यदि एक मन नहीं, तो कुछ ही कम दूध देती होंगी। भैंस-ग्रामके विषयमें मालूम हुआ कि यहाँ भी उतनी भैंसें हैं, जितनी पिछले गो-ग्राममें गायें। इसका उत्तर सुनकर मैंने फिर न पूछा—साँड़से अधिक भैंसोंका क्या होता है! भैंसोंको पानीमें बैठनेसे बड़ा प्रेम है; इसके लिए स्थान-स्थानपर चौड़े-चौड़े कुण्ड बने हुए हैं, जिनमें पानी आता और निकलता रहता है। खाने-पीने, रहने, दवाई-दर्पन सबका प्रबंध गो-ग्राम-सा ही

है। किन्तु भैंस-ग्राममें दस हजार आदमी बसते हैं, जिनके लिए काम भी विशेष है। बात यह है कि गायोंकी भाँति भैंसोंका दूध नहीं भेजा जाता। भैंसोंका दूध वैद्यकी सम्मतिसे कहीं थोड़ा-बहुत भेजा जाता है। नहीं तो सब दूध मशीन-द्वारा मथन करके दुहनेके बादही, मक्खन निकाल लिया जाता है। यह मक्खन बर्फसे रक्षित गाड़ीके डब्बोंमें बन्द करके स्थान-स्थानपर भेजा जाता है। आवश्यकताके अनुसार मक्खनसे घी बनता है।

"किन्तु; क्या मक्खन निकालकर हजारों मन दूधका अवशिष्ट भाग रोज फेंक दिया जाता है?"

"नहीं, यहाँ बटनोंका बड़ा भारी कारखाना है। दूधका सफेद घन भाग रासायनिक प्रक्रियासे पृथक् करके उनसे नाना रंग-बिरंगके बटन बनते हैं। बटन ही नहीं, दरवाजों, मशीनों आदिके सफेद हैंडलोंके लिए भी इसका उपयोग होता है, जिसमें आदमीका हाथ छूनेसे काला न हो। एक ओर बिजलीने धूएँको संसारसे विदा कर दिया तो दूसरी ओर इधर इसने हाथका काला होना भी बन्द कर दिया। आज क्या फैक्टरीके आदमीका रंग काला होता है? आर्ट पेपरपर चिकनाई लानेके लिए भी इस सफेदी का प्रयोग होता है। अब हाथी-दाँत तो पैदा नहीं होता किन्तु यह निस्सार दूध उसके कामके साथ और बहुत-से काम भी कर डालता है।"

घासोंके टाल तो मैंने जगह-जगह देखे थे, किन्तु पयाल, भूसाका गंज कहीं न मिला। पूछनेपर मालूम हुआ कि धान और गेहूँ आदिके डंटे भी यद्यपि कल-द्वारा काटे जाते हैं, किन्तु साथ ही बाली थोड़े डंटेके साथ काटकर एक ओर रखी जाती है; और डठलका बोझा अलग बँधता जाता है। यह डठल और पयाल पीछे गाँठें बाँध-बाँधकर कागजके कारखानोंमें भेज दिये जाते हैं, जहाँ उनसे कागज बनाया जाता है। गाय-भैंसोंके खानेके लिए हरी और सूखी घास ही काफी होती है।

अब साढ़े तीनके तोपकी आवाज पासके किसी गाँवसे आई। हमारी गाड़ीवाले सभी लोग बेंचोंपर आकर बैठ गये। थोड़ी देरमें हवामें छतके तारके सहारे तैरता हुआ हमारे जलपानका तख्ता सामने आ गया। इस वक्त भोजन कुछ और ही नियामत थी। एक छोटी तश्तरीमें काली मिर्च लगाकर

घीमें तले, नमकीन, हरी मटर तथा हरे चनेके दाने थे। कुसुम मिला हुआ एक-एक गिलास गन्नेका कच्चा रस अलग रक्खा हुआ था। इसके अतिरिक्त कुछ फल भी थे। मालूम हुआ, आजकलके लोग पुराने गाँवोंकी इन नियामतोंसे भी महरूम नहीं हैं। बताया गया कि ऐसे ही सभी मौसिमकी चीजें बच्चे-बूढ़ों, पुरुष-स्त्रियोंके पास पहुँचा करती हैं। मक्काके दिनोंमें भुट्टे इसी तरह जलपानके समय पहुँच जाते यदि हम उस समय सफर करते। हमारे गाड़ीके परिवारने जलपान किया। मेरे मनमें उस समय यह ख्याल आता था कि इसी युगके बारेमें बीसवीं शताब्दीके हिन्दू कहा करते थे, आगे घोर कलियुग आयेगा। पृथ्वी नरक हो जायगी। यह तो सभी दृश्य स्वर्गके मालूम होते हैं। शायद उस युगके स्वार्थियोंके लिए समस्त भूमंडल-वासियोंका इस प्रकार आनन्द भोगना नरक प्रतीत होता था।

हाथ-वाथ धोकर, सामने खिड़कीसे देखा। निचले खेतोंमें कोसों तक चनोंकी हरियाली लहरा रही है। चनोंके सिवाय दूसरी कोई चीज ही नजर नहीं आती। पूछनेसे ज्ञात हुआ, अगला स्टेशन शालिग्राम है। वहाँ सिर्फ धान और चनोंकी खेती होती है। धानोंकी फसल कट जानेपर उन्हीं खेतोंमें चने बो दिये जाते हैं। पचास-पचास बीघोंकी एक-एक क्यारी जिसके चारों ओर ऊँची मेंड़े थीं। बासमती, किसुनभोग, कनकजीरा आदि उत्कृष्टतम धानोंको छोड़कर मोटे धानोंकी तो अब खेती ही एक तरहसे बन्द है। विद्यालयोंमें उनको मूल-रक्षा तथा परिचयके लिए थोड़ा बोया जाता है। बाकी खानेके लिए तो सब अच्छे-ही-अच्छे चावल हैं। यह शालिग्राम भी १० हजार आदमियोंका ग्राम है। यहाँ खेतीके अतिरिक्त चावल अलग करनेका भी कारखाना है। धान-कुटाईका काम भी बस मशीन हीसे। चावल तैयार होते जाते हैं, और स्थान-स्थानपर गाड़ियोंमें भर-भरकर रवाना होते रहते हैं। चनोंकी दाल और बेसन बनाकर तथा साबित भी चालान किया जाता है। पयाल तो कागजके कारखानोंहीमें चला जाता है। हाँ, धानकी भूसी तथा और कूड़े-करकटको खड्ढोंमें सड़ाकर, खाद बनाई जाती है। बाकी खाद गो-ग्राम, भैंस ग्रामसे आती है। कितने ही पशुओंके ग्रामोंमें हड्डी पीसनेके कारखाने हैं। मुर्दे पशुओंका, पहले बता दिया गया है, कोई चमड़ा नहीं

उतारता। उन्हें गाड़ दिया जाता है। पीछे सड़ी मिट्टी तो खादके स्थानपर भेज दी जाती है, और हड्डियाँ कलोंमें पीसकर चूर्ण कर दी जाती हैं। यहाँ उनसे बहुत-सी फास्फोरस भी निकाली जाती है, जिन्हें दियासलाई बनाने आदिके काममें लाया जाता है। यद्यपि सिग्रेट के बन्द होने तथा आगके स्थानपर बिजलीके उपयोग होनेसे दियासलाईयोंका खर्च बहुत कम क्या, नहींके बराबर है; तब भी एकाध कारखाने दियासलाईके रखे गये हैं।

शालिग्रामका खेलका मैदान स्टेशनके पास ही सड़कके किनारे था। देखा, सहस्रों स्त्री-पुरुष वहाँ जमा हुए हैं। 'फुटबाल' खेला जा रहा है। बड़े-बड़े जवान खेलमें लगे हुए हैं। ओह, अभी एक गोल हुआ—सारी दर्शक-मडलीने प्रसन्नता प्रकटकी। आगे इधर कबड्डी जमी हुई है। हरी घासपर जँघिया और बनियाइन पहिने खिलाड़ी खेल रहे हैं। स्थान सड़कसे लगा हुआ है, और गाड़ी भी स्टेशनके पास आनेसे बहुत धीमी पड़ गई है; इस-लिए इनके पुष्ट, सुन्दर और स्वस्थ शरीर खूब दिखलाई पड़ रहे हैं।

रेलोंकी सड़कोंके नीचेसे जगह-जगह नहरें जाती दीख पड़तीं। विश्वामित्रने कहा—अब गण्डक, गगा आदि नदियोंकी धारा उतनी मोटी नहीं मिलेगी, जितनी कि पहले थी। सारे देशमें नहरोंका जाल बिछा हुआ है। इन नदियोंके पानीका बहुत-सा भाग तो ऊपरसे ऊपर ही नहरोंमें ले लिया जाता है। सभी ग्रामोंमें यद्यपि अपने कारखानोंकी भाफके लिए पानीकी आवश्यकता नहीं है, किन्तु सब कुछ हरा-भरा और साफ रहनेके लिए उसकी बड़ी आवश्यकता है। खेती और बगीचेवाले गाँवोंको तो सींचनेकी भी हर वक्त आवश्यकता पड़ती रहती है। पानी और बिजली यही दोनों आजकलके ससारके प्राण हैं; बल्कि बिजली भी तो पानीहीसे तैयारकी जाती है; इसलिए पानी आजकल सब कुछ है। इसका जैसा ही बड़ा भारी खर्च है, वैसा ही व्यर्थ व्यय भी न होने देनेकी ओर ध्यान है।

जंगल छोड़ते ही भूमि बराबर आ गई थी। अब पहाड़ भी दूर धुँधले बादलोंकी भाँति दीख पड़ते थे। चारों ओर मैदान-ही-मैदान था। बस्तीके पास ही वृक्ष थे, अन्यथा वृक्षोंका कहीं नाम न था। खेतोंमें खाद ले जाने तथा अनाज ढोनेके लिए छोटी-छोटी गाड़ियोंकी पतली-पतली लोहेके कड़ियाँ

दिखलाई पड़तीथीं। चनोंमें यद्यपि फल लग गये थे, किन्तु अभी पक्के न थे—वह बिल्कुल हरे-हरे दिखलाई पड़ते थे, तो भी कहीं रखवालोंकी झोपड़ियाँ न दिखाई देती थीं। शालिग्राम स्टेशनसे कोसों आगे तक चनोंके खेत चले आये थे।

अब भूमि ऊँची आई। चनोंकी जगह पर बड़ी-बड़ी बालियोंवाले गेहूँके खेत हैं। सड़ककी दोनों तरफ जहाँ तक दृष्टि जाती है, हरे-हरे गेहूँ ही दिखलाई पड़ते हैं। हवाके झोंकोंसे हिलते हुए ये प्रशान्त सागरमें हल्की तरगोंके समान मालूम देते हैं। गेहुँओंके स्वाद और आटेकी सफेदीके बारेमें क्या कहना है! किन्तु मुझे गेहूँके दाने अभी देखनेको न मिले थे। मैंने विश्वामित्रसे पूछा कि क्या हमारे समयके पूसा नं० ३से भी यह दाने अच्छे होते हैं। उन्होंने कहा—पूसा न० ३ विद्यालयके संग्रहालयमें रक्खा हुआ है; वह भला इन गेहुँओंका क्या मुकाबिला कर सकता है! खेतकी जुताई, कटाई, दँवाई आदि सभीके बारेमें तो इकट्ठा ही सुन चुका था कि बिजलीकी कलों द्वारा होती है। एक-एक मोटर हलमें दस-दस फाल पाँतीसे लगे रहते हैं, जो एक-एक साथ गहरी भूमि खोदते चलते हैं। पीछेसे लगा पटेला (सिरावन) ढेलोंको फोड़ता और भूमिको बराबर करता जाता है। बोनेका काम भी मशीनों ही द्वारा होता है। पकी खेतीका काटना, बाँधना, ढोना आदि सभी काम कलें ही करती हैं। अच्छी खाद और पर्याप्त जलकी अनुकूलतासे फसल जैसी चाहिये वैसी ही होती है। गेहूँके खेतोंमें सालमें दो फसलें होती हैं, बरसातमें मक्का और बाजरा बोया जाता है, फिर यह गेहूँ। मक्का और बाजरेको आजकल आदमी केवल भुट्टा और होलाके तौरपर ही मौसिममें दो-चार दिन खाते हैं; बाकी इन्हें गाय-भैंसोंको दिया जाता है। इनके डंठल भी कागजके कारखानोंमें जाते हैं। हरा होनेपर पासके किसी पशु-ग्राममें भी स्वाद बदलनेके लिए भेज दिये जाते हैं।

इस गेहूँ-ग्राममें आटा पीसनेका बड़ा कारखाना है। यद्यपि सभी गेहूँके ग्रामोंमें खेतीके साथ-साथ पिसाईभी होनेका नियम नहीं है। किन्तु नजदीकमें और कोई ऐसा कारखाना न होनेसे इसकी आबादी दस हजार करके यहाँ कारखाना भी रखा गया है। आटा-मैदा सब यहाँसे तैयार होकर चालान होता है।

गेहूँ-ग्रामकी सीमा पार होनेपर आम-लीची आदिके वृक्ष दिखलाई देने लगे। पूछनेपर ज्ञात हुआ, अब हम मोतीहारी के पास आ गये। यह बगीचा एक विद्यालयका है। पहले बतलाया जा चुका है कि तीन वर्षके बाद लड़के लड़कियाँ माता पिता तथा जन्म-स्थानसे अलग करके विद्यालयमें भेज दिये जाते हैं। प्रत्येक ३०-४० ग्रामके बीचमें एक ऐसा विद्यालय रहता है, जिसमें दस-पन्द्रह हजार या कभी इससे भी अधिक बालक-बालिकाएँ पढते हैं। इनमें प्रायः सब प्रकारकी साधारण शिक्षा देनेका प्रबन्ध होता है। सत्रह वर्ष तक बालक-बालिकायें इन्होंमें पढते हैं। असाधारण प्रतिभाशाली, तथा किसी विद्याकी ओर विशेष प्रवृत्ति रखनेवाले बालक बीचमें भी एक विद्यालयसे दूसरे विद्यालयको—जहाँ उस विद्याका समुचित प्रबन्ध होता है, भेज दिये जाते हैं। अध्यापकों या विशेषज्ञोंकी योग्यता प्राप्त करनेके लिए यहाँसे किसी अन्य विद्यालयमें जाना पड़ता है, नहीं तो साधारणतया यहींसे शिक्षा समाप्त करके विद्यार्थी कार्यक्षेत्रमें उतरते हैं। सभी विद्यालयोंकी शिक्षा-दीक्षा और रक्षाका ढग एक-सा ही है। विश्वामित्रजीने विशेष पूछनेपर कहा, यह सब बातें तो नालन्दामें आँखोंके सामने ही आयेंगी।

अब मोतीहारी नगर आया। क्या अब उसे पुराने दर्शक पहिचान सकते हैं? बिल्कुल उलट-पुलट गया है। आबादी तो अब दस हजार आदमियोंकी ही है; किन्तु आजकी स्वच्छता, सुन्दरता और एक-रूपता पहले कहाँ थी! पहाड़ पार करनेके बाद ही हम मल्लमें आ गये थे। मोतिहारी मल्लका एक जिला है। प्रान्तोंके नामोंमें इधर बहुत-कुछ परिवर्तन हुआ दीख पड़ता है। पुराना सारनका जिला भी इसी प्रान्तमें है। उसके पश्चिम काशी-कोसल लखनऊसे आगे तक चले गये हैं। उसके बाद कुरु पाञ्चाल-मत्स्य-शूरसेन देशोंके इसी नामके गण हैं। दिल्ली अब भी भारतकी राजधानी या राष्ट्रधानी है। इस प्रकार देशों तथा गणोंकेनाम पुराने रखे गये हैं। पिछली शताब्दियोंके इतिहास-सम्बन्धी स्थानोंके नाम भी ज्यों-के-त्यों रहने दिये गये हैं। यहाँ मोतिहारी नगरमें जिलाकी पचायतका कार्यालय रहता है। सभापति और कार्यकारिणीके सदस्य अपने निर्वाचन-अवधि भर यहाँ ही रहते हैं। जिलाकी उत्पत्ति तथा आवश्यकताओंके अनुसार चीज़ें बाहर

भेजने तथा मँगाने आदिका काम एक प्रधान कर्त्तव्य है। जिलाके हिसाब-किताब तथा अन्य प्रकारके कागज-पत्रोंके साथ पुराने कागज-पत्रोंका भी यहाँ संरक्षणालय है। इसके और जिला आफिसके अतिरिक्त दूसरे सारे ही मकान बिना कोठेके हैं। गाँवों और शहरोंके घर-द्वार, रहन-सहन, खाना-पीना किसी बातमें भी कुछ भेद नहीं। अब वह पुरानी सड़ी गलियाँ और गन्दे मकान कहीं नहीं दिखाई पड़ते। जिलाकी पचायतकी बैठकका यहाँ एक बृहद् भवन है। नगरवालोंका सस्थागार इससे अलग है। नगरमें एक छापाखाना है। जिला भरके आवश्यक कागज-पत्र यहां छपते हैं। यहाँ सबसे बडा कारखाना मशीनोंके सुधारने तथा पुरजोंके बदलनेका है।

आगे बढनेपर सड़ककी दोनों ओर दूर तक बाग-ही-बाग दिखलाई देने लगे। मैंने जलपानमें अमरूद और बेरके टुकड़े खाये। एक-एक बेर एक-एक छटाँकके थे, तिसमे ताराफ यह कि गुठलीका पता नहीं। अमरूदोंमें भी, सारा फल ढूढ़नेपर कहीं एक बीज मिल पाता था। मिठास और सुगन्धकेलिए क्या कहना है! विश्वामित्रने बताया, यह फल भी वैसे ही होते हैं। अब घटिया वस्तु पैदा ही नहीं की जाती। यह सारा बाग बेर-ग्रामका था। इस ग्राममें यही काम होता है। फल बारहों मास होते रहते हैं, अतः लोगोंको काम भी सदा मिलता रहता है। दूसरी तरफ इस ग्राममें जामुनका भी बाग है। इसमें भी बेरहीकी भाँति जादू किया गया है। अर्थात् आकार बहुत बड़ा; मिठास-सुवास अनूप; किन्तु गुठलीका पता नहीं।

बागोंके बाद एक बार फिर खेत-ही-खेत दिखलाई देने लगे। कितने ही खेतोंकी फसल तो कट गई थी, किन्तु ऐसे भी खेत थे, जिनमें कोसों फलियोंसे लदी सरसों थी। मालूम हुआ, यह तेलग्राम है। यहाँ इन खेतोंमें पहले तिल्ली उत्पन्न की जाती है, पीछे सरसों बो दी जाती है। यहाँ तेल निकालनेका बड़ा भारी कारखाना है। खाने तथा सिरमें लगानेका तेल प्रदान करना यहाँवालोंका काम है। मैंने कहा—तब तो चाहे बिजलहीसे काम क्यों न किया जाता हो, किन्तु तेलसे कपड़े तो अवश्य रँगे जाते होंगे। विश्वामित्रने कहा—नहीं, पहले तो काम करनेके वक्तकी पोशाक ही सबकी दूसरी होती है; दूसरे, काम भी दूर-ही-दूरसे करना होता है। सभी काम तो मशीन और नल

करते हैं। इन तेलोंको ले जानेवाली बहुत-सी गाड़ियाँ भी मैंने स्टेशन पर देखीं, जो पुराने समयके मिट्टीके तेलकी गाड़ियोंसे बहुत कुछ मिलती-जुलती थीं। मैंने पूछा—सुगंधित तेल तो यहाँ नहीं बनता होगा? इसपर बतलाया गया कि सुगंधित तेलोंके कारखाने गाजीपुर, कन्नौज आदि नगरोंमें हैं। वहाँ आस-पास कोसों दूर तक इसकेलिए फूलोंहीकी खेती होती है। तिल वहाँ दूसरे स्थानोंसे जाता है, जिससे वहाँके लोग तेल तैयार करते हैं। ऐसे ही मालूम हुआ, साबुन तैयार करनेके ग्राम हैं, जहाँ साबुन-ही-साबुन तैयार किया जाता है।

अगले स्टेशनपर अँचार-ग्राम लिखा दिखाई पड़ा। यहाँ अँचार और मुरब्बेके सिवाय कोई काम ही नहीं होता। अँचारके लिए फल, तेल; इसी प्रकार मुरब्बोंके लिए अपेक्षित सामग्रियाँ उन-उन चीजोंके ग्रामोंसे आती है। यहाँ वाले मशीनोंसे फलोंको काट, सुखा-पकाकर, अँचार तैयार करके अपने बड़े गोदाममें चीनी मिट्टीके बड़े-बड़े हौजोंमें रखते हैं। जब खाने लायक हो जाता है तो फिर जगह-जगह उसी प्रकार सावधानी-पूर्वक ले जानेवाली गाड़ियोंमें भेजा जाता है। यहाँके लोग अँचार बनानेकी विद्यामें बड़े पटु हैं। उनको इस विषयकी विशेष शिक्षा मिलती है। कटहल, बड़हल, आम, जामुन, आँवला, कदम्ब आदि सब चीजोंका अँचार बनता है। इन वस्तुओंके उत्पन्न करनेवाले अलग-अलग ग्राम हैं। और सभी वस्तुओंके आकार-प्रकार, गुणोंमे विज्ञानने आश्चर्यजनक परिवर्त्तन कर दिया है।

आगे हमें सड़कके किनारे दर्जी-ग्रामके अतिरिक्त दाल-ग्राम पड़ा। दाल ग्राममें वर्षाकी फसलमें खेतोंमें उड़द मूँग और जाड़ेमें अरहर पैदा की जाती हैं। इनसे यहाँ दाल बनानेका बड़ा भारी कारखाना है। बाकी सब ढंग अन्य ग्रामोंसा ही है। इसके बाद कई-एक गाँव मिले, लेकिन सबमें कलमी आमों तथा लीचियोंका बाग ही था। यह बागोंका सिलसिला मुजफ्फरपुर होते गंगाके किनारे तक लगातार चला गया था। फलोंके रूप-गुणमें तो आश्चर्य-जनक परिवर्त्तन हुआ ही है, साथ ही फसल बारहों मास तैयार होती रहती है। कितने ही बागोंके वृक्ष सालमें दो बार फल देते हैं। लीची और आमके फलोंमें गुठली अब बहुत छोटी-छोटी देखी जाती है; ऐसे भी फल तैयार किये जाते

हैं जिनमें गुठली एकदम नहीं होती। सारा बिहार एकस्वरह आमों और लीचियोंका बाग है। अंग, मगध, विदेह इसके तीनों प्रदेशोंमें सबसे अधिक पैदावार इन्हीं दो फलोंकी है। यह फल यहाँसे भारतमें ही नहीं, यूरोप, अमेरिका तथा एशियाके सभी भागोंमें भेजे जाते हैं। बर्फकी गाड़ियोंमें वह इस प्रकार भेजे जाते हैं कि महीनों रखने पर भी नहीं बिगड़ते। आमोंका आमरस भी तैयार किया जाता है; और उसके बनाने और रखनेकी ऐसी क्रिया और प्रबन्ध है कि खानेपर ताजे आमोंका स्वाद आता है।

दाल-ग्रामसे कुछ ही आगे आये थे कि अँधेरा हो गया। फिर मैं कुछ आगेके ग्रामोंकी बात पूछता और सुनता रहा। आठ बजेके भोजनको समाप्तकर थोड़ी देर और वार्तालाप किया। अब सारी ट्रेन बिजलीके प्रकाशसे जगमगा रही थी। इसके बाद मैं सो गया। चार बजेका समय था, जब हमारी गाड़ी गंगाका पुल पार करने लगी। हमने अब मगधमें प्रवेश किया। यह पटना देवानम्पिय पियदस्सी राजाकी पुरी आई। मैंने एक बार जो अपनी यात्राके अब तकके दृश्यको अपने सामने फिर रखा, तो विचार हुआ, अबके लोग बड़े चतुर हैं। पहलेका प्रत्येक आदमी चाहता था कि संसारकी सभी वस्तुयें वहीं पैदा कर ले। इस प्रकार एक ही गाँव अपनी आवश्यक सभी सामग्रियोंको पैदा करनेकी कोशिश करता था। अब तो एक गाँवके हजारों आदमी एक ही चीज पैदा करते हैं। दर्जीग्राम कपड़ा तैयार करनेवाले ग्रामोंसे कपड़ा लेकर स्त्री-पुरुष-बच्चोंके लिए तरह-तरहके नापके वस्त्र तैयार करता और आई हुई माँगोंके अनुसार वहाँ-वहाँ रवाना करता है। उसके कुछ आदमियोंको रसोई बनाना पड़ता है; किन्तु उसे न अनाज पैदा करनेसे सम्बन्ध; न आटे-चावलके भावसे प्रयोजन; न लाठीसे गाय-भैंस चरानेका काम; न आलू-बैंगन-गोभी बोनेसे मतलब; न ऊख पेल कर चीनी-गुड़ तैयार करनेका प्रयास; अर्थात् उसकेलिए अपेक्षित अन्य सभी वस्तुयें दूसरे ग्राम तैयार करते हैं, जिनकी कि कपड़ोंकी आवश्यकता वह पूरा करता है। इकट्ठा बहुत-सी चीजें कलों-द्वारा तैयार करनेमें श्रम और समय कम लगता है। कहाँ पहले लोगोंके दिन-रात लगे रहने पर वही मसल थी कि यदि सिर ढँका तो पैर नंगा, यदि पैर ढँका तो सिर नंगा। किन्तु यहाँ हफ्तेमें पाँच दिन और

रोज चार ही घण्टे प्रत्येक व्यक्तिको काम करना पड़ता है और इतनेहीमें स्वर्ग-सुख भोगनेकी सभी वस्तुयें प्रस्तुत हो जाती हैं। पहलेकी सारी जिन्दगी जिन्दगीहीके लिए थी। आदमी रात-दिन लगे रहकर तब अपने और अपने बाल-बच्चोंका पेट भर, तन ढाँक, जीवन रक्षा करता था; दूसरे कामके लिए मुश्किलसे समय निकलता था। यहाँ मैं उन आदमियों को नहीं गिनता हूँ, जिनका जीवन परायेकी मेहनत पर निर्भर था। उस समय मनुष्य कैसे अपने जीवनका कोई उच्च लक्ष्य रख सकता था जबकि इस प्रकारकी आपत्तियों में उसे पड़ा रहना पड़ता था? किन्तु अब तो अवस्था ही दूसरी हो गई है। ४ घंटे काम; बाकी २० घंटे सोना, पढ़ना, नृत्य-गान, सत्संग, विद्याव्यसन, परोपकार-चिन्तन, साहित्य-सेवा आदि सभी कामोंके लिए बचा हुआ है। इतनी सुखकी सामग्रियोंसे घिरे रहने पर भी उसके लिए अपने जीवनका सर्वांश अर्पण नहीं करना पड़ता। प्रबन्ध कैसा है! वर्षमें नौ मास अपना कर्तव्य पालन करके आप तीन मास सैर-सपाटा भी कर सकते हैं; चाहे पृथ्वीके किसी भागमें भी स्वतंत्रता-पूर्वक घरकी भाँति सानन्द रेल, जहाज या विमान-द्वारा विचर आ सकते हैं। अपने-अपने कार्यक्षेत्रके चुननेमें भी स्वतंत्रता है। केवल योग्यता होनी चाहिये। फिर भारतीय अंगूरकी खेती-का जानकार फ्रान्समें जाकर बस सकता, रह सकता है।

पटनामें नालन्दा जानेवाली गाड़ी तैयार मिली। हमारी गाड़ीकी यहीं तक पहुँच थी। अन्य साथियोंसे विदा हो मैं और विश्वामित्र नालान्दाकी गाड़ी पर जा बैठे।

९

नालंदामें स्वागत

अब हमारी गाड़ी दनदनाती नालन्दाके पास जा रही थी। प्रातः-कालका समय था। भगवान् भुवन-ज्योति यद्यपि अभी पूर्वके क्षितिजपर दिखाई नहीं पड़ते थे, किन्तु उनके आनेका संवाद उषःकालीन रक्तिमा दे रही थी। दूर कृषि-विद्यालयके वृक्षोंके ऊपरसे यह लालिमा वैसे ही दीख

पड़ती थी जैसे अँधेरी रात्रिमें दूरसे दिखलाती दावाग्नि। मानों भास्कर संसारके अन्धकारके दग्ध करनेमें अभी रुके हैं। यद्यपि अभी उनका साक्षात् आगमन नहीं हुआ, किन्तु उनकी अवाईकी सूचना पाये हुए-से पक्षिगण इधर-उधर उड़-उड़कर बैठ रहे हैं। रेल-लाइनकी दोनों ओर फलोंके भारसे लटके हुए चनोंके पौधे दूर तक दिखलाई पड़ते हैं, जिनमें कहीं-कहीं पतली-पतली खेतोंमें जानेवाली लाइनें दिखलाई पड़ जाती हैं। मैंने कहा, और तो सब है, किन्तु आजके लोगोंको चनेका होला तो न मुयस्सर होता होगा, किन्तु पीछे मेरा यह विचार भी गलत निकला। मैंने स्वयं पीछे होला खाया था। मेरे साथी भी शौचादिसे निवृत्त हो बैठे थे। गाड़ीमें कहीं कुछ लोग पुस्तक पढते हुए दीख पड़ते थे—कुछ लोग गा रहे थे, बाकी लोग भी चुपचाप अपने स्थानों पर बैठे अपने-अपने विचारोंमें मग्न थे। उस भीतरी सन्नाटेमें वही गाड़ीकी घड़घड़ाहट कानोंमें आ रही थी। मैं भी शौचादिसे निवृत्त हो, स्नान-कोठरीसे स्नान करके आ बैठा। अब हमारी गाड़ी विद्यालय-भूमिमें प्रविष्ट हुई। चारों ओर दूर तक खेतोंसे घिरा एक तीनतला सुन्दर मकान है। उससे थोड़ी दूर पर एक ऊँचा चार महलका मकान है; जिसमें चारों ओरके मकानोंके बीचमें एक बडा भारी चौखुटा आँगन है। मकानके बाहर फूलोंकी शोभा निराली है। विश्वामित्रने बतलाया, वह कृषि-विद्यालय है; और यह उसका छात्रावास। ऐसे ही और भी थोड़ी-थोड़ी दूरपर विद्यालय मिलते गये। आखिर ठीक साढ़े छः बजे गाड़ी नालन्दाके बड़े स्टेशन पर पहुँची। नालान्दाका घेरा बहुत भारी है। यहाँ चार स्टेशन हैं, जो समीपस्थ विद्यालयके नामसे पुकारे जाते हैं। इस बड़े स्टेशनका नाम है नालन्दा प्रधान।

प्रत्येक ट्रेनमें अन्य प्रबन्धोंके साथ बे-तारका टेलीफ़ोन भी लगा रहता है। पिछले स्टेशन पर फिर विश्वामित्रने हमारे आनेकी सूचना आचार्यको दे दी थी। हमारी गाड़ीके स्टेशन पर पहुँचते ही विद्यालयने धर्म-सूचनाका बिगुल दिया। पटनामें चढते वक्त हमलोग दरवाजेके पास ही बैठे थे। अतः गाड़ी खड़ी होते ही उतर पड़े। प्लैटफार्म पर आचार्य तथा पचास प्रधान-प्रधान उपाध्याय खड़े थे। मेरे उतरते ही सबने 'स्वागत' किया, और गलेमें

फूलोंकी माला डाली। स्टेशनसे बाहर यद्यपि मोटर खड़ी थी, किन्तु मैंने कहा, इतनी दूरके लिए इसकी आवश्यकता नहीं; दूसरे मार्गमें खड़े बच्चोंसे मिलनेमें भी कठिनाई उपस्थित होगी। अब हमलोग 'वसुबन्धु'-भवनकी ओर चले। सड़ककी दोनों ओर पातोंसे विद्यालयके छात्र खड़े थे। यह सब बड़ी श्रेणियोंके छात्र थे। एक-एक विद्यालयके छात्रोंकी पंक्ति एक ही जगह थी। पहुँचनेके साथ ही उस-उस विद्यालयके प्रधान आचार्यका परिचय कराया जाता था। इस प्रकार आखिर 'वसुबन्धु'-भवनका बड़ा हाल आ गया।

'वसुबन्धु'-भवनकी शोभा अपूर्व है। चारों ओर दूर तक घासका हरा मैदान है। मकान बहुत ऊँचा, सफेद संगमर्मरका-सा दीखता है। इसके चारों ओर संगमर्मरकी छतरियोंके नीचे पुराने और बीते हुए कितने ही आचार्यों एवं प्रसिद्ध महापुरुषोंकी मूर्तियाँ हैं। मुझे यह देखकर अत्यन्त प्रसन्नता हुई कि यहाँ विद्याव्रतकी भी एक विशाल-मूर्त्ति स्थापित है। यह वही यशस्वी पुरुष हैं, जिन्होंने नालन्दाके पुनरुद्धार करते वक्त सर्व-प्रथम अपना सर्वस्व दिया था। सब स्थावर और जंगम सम्पत्ति उनकी पच्चीस लाखकी थी। इन्हें कोई सन्तान न थी। इन्होंने विद्यालयहीको अपना पुत्र बना, सर्वस्व अर्पण कर दिया। विद्याव्रतने सचमुच उस समय असाधारण साहस और स्वार्थ-त्यागका परिचय दिया था। मुझे स्मरण है कि जिस समय मेरे हृदयमें विद्यालयके पुनरुद्धारका विचार उठा, तो स्वयं इस प्रकारका भी सन्देह उठता था, कि क्या मेरे ऐसा अकिंचन, अयोग्य व्यक्ति ऐसे भारी कार्यको उठता सकता है। मेरी हार्दिक इच्छा होती थी, कोई इसके सदृश ही महान् पुरुष इस कामकोअप ने हाथमें लेता तो मुझे भी उसके पीछे चलकर सब प्रकारसे सेवार्थ तैयार रहनेमें कितना आनन्द होता। किन्तु दुर्भाग्यसे महान् पुरुषोंको इस महत्त्वपूर्ण कार्य-का स्मरण न था, अथवा उपेक्षा थी। यही देख और सर्वथा अपनी अयोग्यता जानकर भी मैंने इस काममें हाथ डाल ही दिया। किन्तु इस काममें अनेक विद्वानोंके अतिरिक्त बहुत धनकी भी आवश्यकता थी। धनवालोंका अभाव न था, किन्तु उनमेंसे बहुत तो इसका महत्त्व ही नहीं समझते थे। जो समझ भी सकते थे, उन्हें ऐसा होनेपर विश्वास न था।

अन्य जगहोंमें धनादि प्रदान करनेसे पदवियों और खिताबोंकी वृष्टिकी सम्भावना थी, वह यहाँ न थी; फिर ऐसी अवस्थामें कौन धनपात्र आगे बढ़ता!

मैंने बाल्यहीसे यद्यपि भिक्षु-आश्रम ग्रहण किया था, किन्तु भिक्षा माँगनेका अभ्यास न था। यह और भी एक कठिनाई थी। खैर, किसी-किसी तरह मैंने अपने आपको इसके लिए तैयार किया। उत्साही पुरुषोंने मेरी झोलीमें पड़ना आरम्भ किया। किन्तु फिर वही कठिनाई। यह सभी उत्साही पुरुष ऐसे थे जो अपने उत्साहके बराबर धन देने की सामर्थ्य न रखते थे। तो भी उनके उत्साहसे मुझे बड़ा बल मिलता था। ऐसे समयमें विद्यावतके हृदयमें प्रेरणा हुई। यह मेरे लिए अपरिचित व्यक्ति थे। इसके पूर्व कभी इन्होंने ऐसे कार्यों में हाथ भी न डाला था। परन्तु, न जाने हृदयमें एकदम क्या आया कि इन्होंने अपने सर्वस्वका दानपत्र मेरे पास भेज दिया। आज दो शताब्दियोंके ऊपरकी बात मेरे लिए कलकी सी है। मेरे नेत्रोंके सामने अब भी मेरे वह सहयोगी फिर रहे हैं, जिन्होंने अपने जीवनको विद्यालयकी आधार-शिलाके नीचे डाला था। उस समयके हम लोगोंने उनका सम्मान किया—किन्तु उतना नहीं, जितनेके वे पात्र थे।

वसुबन्धु-भवन अर्द्धचन्द्राकर है। इसमें सवा लाख आदमियोंके बैठनेका स्थान है। बैठनेकी गैलरियाँ रंग-मंचके सन्मुखसे आरम्भ हो धीरे-धीरे ऊँची होती चली जाती हैं। यद्यपि वह रंग-मंचके सन्मुख अर्द्धचन्द्राकार दूर तक चली गई हैं, किन्तु इस प्रकार बनाई गई हैं, कि सभी दूर और नजदीकके आदमी रंग-मंचको देख सकते हैं। इन गैलरियोंके नीचे-ऊपर तीन तहें हैं। बैठनेके लिए लम्बी-लम्बी कुर्सियाँ हैं। स्थान-स्थान पर बिजलीके लैम्प और पंखे लगे हुए हैं। रंग-मंचकी धीमी-सी आवाजको भी सबसे आखिर वाले श्रोता तकके कानमें बराबर पहुँचनेके लिए बीच-बीचमें शब्द-प्रसारक यंत्र लगे हुए हैं। यह शब्दोंको श्रोतव्य बनाते हैं। प्रत्येक तलमें वायु और सूर्य-प्रकाशके आने-जानेके लिए पर्याप्त रोशनदान और वातायन हैं। दीवारोंपर भूमंडलके प्राचीन और अर्वाचीन महापुरुषोंके चित्र और सुनहरे अक्षरोंमें सूक्तियाँ लगी हुई हैं। इन चित्रोंमें अधिकांश विद्यालयके ही छात्रों और अध्यापकोंके बनाये हुए हैं। छात्रों और छात्राओं, दोनोंके बैठनेके लिए

भवनमें स्थान हैं। बैठनेकी जगहोंपर पहुँचनेके लिए सीढ़ियाँ बाहरसे लगी हुई हैं केवल रंग-मंचपर जानेका मार्ग सामने पड़ता है। रंग-मंचकी बगलमें नेपथ्य-शाला है, जहाँ नाटक करनेके समय पात्र नेपथ्य-परिवर्त्तन करते हैं।

विद्यालय-परिवार समूह-रूपसे मेरा स्वागत करनेके लिए भवनमें बैठा हुआ था। इसलिए आचार्यने वहाँ चलनेके लिए मुझसे कहा। अब जलपानका समय समीप था, इसलिए रंग-मचपर दो शब्दोंमें विद्यालयकी ओरसे अभिनन्दन करते हुए उन्होंने मेरे गलेमें फूलोंका हार डाला। मैंने भी दो ही शब्दोंमें इसके लिए कृतज्ञता प्रकट की; और कहा कि, अब तो मैं फिर अपने प्यारे विद्यालयके लिए आ ही गया हूँ।

वहाँसे मैं सीधे विद्यालयके अतिथि-विश्राममें ले जाया गया। यह अतिथि-विश्राम बहुत बड़ा पाँच तलोंका मकान है। इसमें हजार आदमियोंके आरामसे ठहरनेका स्थान है। कोठरी-आदि, सबका प्रबन्ध वैसा ही था, जैसा कि सेब-ग्राममें। किन्तु यह एक बहुत लम्बे-चौड़े मैदानवाले आँगनके चारों ओर बना हुआ है। ऊपर चढ़नेके लिए बिजलीके झूले हैं जिनपर बैठकर आदमी अपने विश्राम-स्थानके तलपर शीघ्र जा पहुँचता है। बिजलीके पंखों और दीपकों, तथा पानीके नलोंका पूरा प्रबन्ध है। अतिथियोंकी सेवा और आव-भगतके लिए बहुत-से पुरुष और महिलायें नियुक्त हैं। अतिथियोंके लिए यहीं एक बड़ी पाकशाला और भोजन-शाला है। तैरकर स्नान करनेके लिए एक बड़ा कुण्ड भी है। उपयुक्त पुस्तकोंका एक पुस्तकालय और अस्वस्थ अतिथियोंके लिए पृथक् चिकित्सालय भी है। इस प्रकार यह अतिथियोंका अच्छा खासा गाँव है। अतिथि-विश्रामके द्वार पर ट्राम हैं, जो राजगृह तक फैले हुए भिन्न-भिन्न कालेजों तक चली गई हैं। अतिथि जिस कालेजको जाना चाहते हैं, बस, दर्वाजे हीपर वहाँ जानेवाली ट्रामपर बैठ जाते हैं।

विद्यालयकी इस प्रकारकी श्री-वृद्धि देखकर मेरे आनन्दकी सीमा न थी। मेरे समयसे अब बहुत फर्क हो चुका था। विश्राम-स्थानपर पहुँचकर वहाँ जलपानके लिए सब-कुछ तैयार पाया। मैंने विश्वामित्र, आचार्य वसिष्ठ तथा अन्य प्रधान अध्यापक अध्यापिकाओंके साथ जलपान किया। जलपानके बाद आजका प्रोग्राम शिशु-कक्षा देखना निश्चित हुआ।

१०

शिक्षा-पद्धति : शिशु-कक्षा

दूसरे अध्यापक तो जलपानके बाद अपने-अपने स्थानपर चले गये थे; सिर्फ़ मैं, विश्वामित्र, आचार्य वसिष्ठ और शिशु-कक्षाकी प्रधानाध्यापिका एवं विद्यालयकी उपाचार्या वीरा साथ चलनेको रह गईं थीं। बालकों और बालिकाओंकी कक्षामें सूचना दी जा चुकी थी। निकलते वक्त निश्चय हुआ, कि पहले शिशु-कक्षामें चलना चाहिये। द्वारसे निकल कर हम लोग ट्रामपर जा बैठे। शिशु-कक्षा यहाँसे एक कोसपर थी। रास्तेमें जहाँ-तहाँ मैदान, बाग और अन्य-अन्य विषयोंके विद्यालय भी पड़े। आज विद्यालयमें छुट्टीका दिन था। बालक-बालिकायें जहाँ-तहाँ घूमते तथा बैठे हुए दीख पड़ते थे। हमारी गाड़ीमें और भी कितने ही लोग चढ़े हुए थे। यह लोग प्रायः सब विद्यालयके अतिथि थे; जिनमेंसे कोई अपने लड़के, लड़की, या किसी सम्बन्धीसे मिलने आया था; कोई ऐसे ही अपनी वार्षिक छुट्टियोंमें मनोरजनके लिए आया हुआ था। कोई किसी विद्या-सम्बन्धी जिज्ञासासे आया था।

आखिर ट्राम बालक-बालिकाओंके उद्यानके मुख्य द्वारपर पहुँच गई। हम लोग नीचे उतरे। अध्यापिका-वर्गने द्वारपर स्वागत किया। द्वार तथा उसकी सीधमें तीन-तल्ला मकान स्वच्छता-सुन्दरतासे परिपूर्ण है। भीतर मकानोंके अतिरिक्त, एक बड़ा भारी बाग वैसा ही लगा हुआ है, जैसा कि सेबग्रामके शिशु-उद्यानमें; फर्क यही है, कि बालकोंकी सख्या अधिक होनेसे यह एक स्वतंत्र ग्राम-सा मालूम होता है। सोनेके कमरोंके अतिरिक्त पाकशाला, भोजनागार, चिकित्सालय तथा भाण्डार-घर हैं। भीतर बच्चोंको खुले पानीमें तैरने और नहानेके लिए बहते पानीका एक पक्का कुण्ड है, जिसमें डुबाव पानी नहीं रहता। जगह-जगह बागमें फव्वारे और तलागृह बने हुए हैं। खेलनेके लिए हरी घासोंसे ´ के बड़े-बड़े मैदान हैं। जाड़ेके दिनोंमें स्नानके लिए एक बड़े मकानके भीतर गर्म पानीका कुण्ड है।

शिक्षा देनेवाली सभी महिलायें ही हैं। शिशु-कक्षामें प्रत्येक बालक-बालिकाको तीन वर्ष रहना पड़ता है। पहले बतलाया जा चुका है, कि राष्ट्रीय

नियमके अनुसार सभी बालक-बालिकायें तीन वर्षकी अवस्थाके बाद माता-पितासे अलग करके विद्यालयोंमें भेज दिये जाते हैं। सम्पूर्ण शिक्षा तीन कक्षाओंमें विभक्त है। शिशु-कक्षा चौथे वर्षकी अवस्थाके आरम्भ होते ही आरम्भ होकर छवें वर्षकी समाप्तिके साथ समाप्त होती है। बाल-कक्षा ७वें से शुरू होकर १४वें वर्षमें समाप्त होती है। इसके बाद तरुण-कक्षा १५ से २०वें वर्ष तक होती है। शिशु-कक्षामें शिक्षा प्रायः एक सी होती है। पुस्तकों द्वारा शिक्षाका अधिक व्यवहार नहीं है, यद्यपि छात्र इसी कक्षामें अक्षर और अंकको पहिचानने लगते हैं। शिशु-कक्षाके अन्तिम वर्षमें उन्हें लिखना-पढना भी पड़ता है। किन्तु ज्यादातर शिक्षा मौखिक होती है। प्रत्येक शिक्षणीय विषयको मनोरंजक बनाकर इस प्रकार बच्चोंके सन्मुख रक्खा जाता है, कि वे स्वयं उसको जाननेके लिए उत्कंठित हो जाते हैं। जिस विषयमें जिस बच्चेकी उत्सुकता अधिक देखी जाती है, उसीकी ओर अध्यापिका-वर्ग भी उसका अधिक ध्यान दिलाता है। जितना ध्यान बालकोंकी ज्ञान-वृद्धिकी ओर दिया जाता है, उतना ही उनकी शारीरिक उन्नतिका भी ख्याल रक्खा जाता है। यद्यपि छात्रोंके कुश्तीकेलिए छप्परोंके नीचे कई-एक अखाड़े बने हुए हैं, जहाँ नियत समय पर यह छोटे-छोटे पहलवान ताल ठोंक-ठोंक, अपने करतब दिखलाते हैं, किन्तु अधिकतर दौड़-धूपके खेलों-द्वारा इन्हें दृढ़ और परिश्रमी बनाया जाता है। कबड्डी, फुटबाल आदि कई प्रकारके खेल होते हैं। इन खेलोंके नियम बतलाकर उन्हें स्वयं प्रबन्ध करनेको छोड़ दिया जाता है। अध्यापिका-वर्ग केवल मार्ग दिखलाता है।

अपने कार्योंमें अधिक योग्यता प्रदर्शित करने पर बालक अपनी श्रेणीमें ऊपरके नम्बरमें गिने जाने लगते हैं। उनकी योग्यताका पुरस्कार यह तथा गुरुजनोंकी शाबाशी है। वस्तु आदिके रूपमें दूसरे प्रकारके पारितोषिक नहीं दिये जाते। दस-दस बच्चोंकी टोली होती है, जिसमें एकको वह अपना नायक स्वयं चुनते हैं। एक-एक टोलीके लिए एक-एक सोनेका कमरा है।

रात्रिमें जब बालक-बालिकायें अपने-अपने बिस्तरों पर लेटते हैं, तो अध्यापिकायें इतिहासके प्रसिद्ध-प्रसिद्ध पुरुषोंकी कथायें सुनाती हैं। इन कथाओंमें सन्-तारीख नहीं रहते। हाँ, यह बता दिया जाता है, कि अशोक बुद्धके बाद

हुए थे—चंद्रगुप्त विक्रमादित्य उनके भी बाद। कथाओंकी भाषा सरल, तथा भाव वही लिये जाते हैं, जिन्हें बालक आसानीसे समझ सकें। यह कथायें इतिहास, भ्रमण और विज्ञान आदि सभीके सम्बन्धमें हुआ करती हैं। कभी-कभी छात्र इन्हें स्वय भी दुहराया करते हैं। कभी-कभी अध्यापिका और विद्यार्थी-वर्ग कोई-कोई गीत भी मिलकर गाते हैं। बालकोंको स्वास्थ्य तथा स्वच्छता-सम्बन्धी नियम भी बडे ध्यान-पूर्वक बतलाये जाते हैं। उन्हें अपने ही नहीं, अपने आसपासको स्वच्छ रखने-रखवानेकी शिक्षा दी जाती है। उन्हें भली प्रकार बतला दिया जाता है, कि केवल तुम्हारी ही स्वच्छता पर्याप्त नहीं है, तुम्हारे अड़ोस-पड़ोसमें भी स्वच्छता होनी चाहिये। अपने यहाँ सफाई करके कभी अपने कूड़ा-कर्कटको दूसरेके यहाँ न फेंक दो। किसी जगह इस प्रकार कुछ पड़ा हुआ देखकर स्वयं उसे हटा दो, या उपयुक्त व्यक्तिको उसकी सूचना दे दो। उन्हें बड़ोंका आदर और छोटोंसे प्रेम-भाव रखना सिखला दिया जाता है। बालक ससारके लिये जीवन उत्सर्ग करनेवाले पुरुषोंकी कथाओंको बड़े प्रेमसे सुनते हैं। अध्यापिकायें उन्हें बड़े मधुर और हृदय-ग्राहक शब्दोंमें कहती हैं। बालक कितनी ही बार सुनते-सुनते करुणाभिभूत हो आँसू बहाते देखे जाते हैं।

बड़ी-बडी मूर्त्तियों और चित्रोंके अतिरिक्त महापुरुषोंकी जीवन-घटनाओंके फिल्म बोलते वायस्कोपों द्वारा भी दिखलाये जाते हैं। बालक इन चलती-फिरती बोलती तस्वीरोंको बड़े प्रेमसे देखते सुनते हैं। खेलमें बालक घर बनाते; फुलवाड़ी लगाते और पंचायत करते हैं। प्रसिद्ध नक्षत्रों और राशियोंका उन्हें परिचय कराके उनकी दूरी आदिके सम्बन्धमें मनोरंजक कथायें सुनाई जाती हैं। पृथ्वी तथा सौर परिवारके अन्य ग्रहों, उपग्रहोंका खगोलमें भ्रमण उन्हें दिखाया जाता है। इन कथाओंसे, मनुष्य-मात्रके प्रति भ्रातृत्व उनके हृदयस्थ करा दिया जाता है।

मृत पशु-पक्षियोंके संग्रहालय-द्वारा भी यहाँ बहुत-सी प्राणिशास्त्रकी बातें बतलाई जाती हैं। कितने ही समय बालकोंको प्राणिशास्त्रीय विद्यालयके जन्तु-संग्रहालयमें ले जाया जाता है। वहाँ उन्हें जीवित प्राणी दिखलाये जाते हैं। यद्यपि इस प्रकार विद्याके अनेक विभागोंमें बालकोंके प्रवेशका मार्ग खोला

जाता है, किन्तु यह पूरी तरहसे ध्यानमें रक्खा जाता है, कि बालक उसमें मानसिक श्रम न अनुभव करें। इन्हीं मनोरंजक रीतियोंसे गणितका आरम्भिक ज्ञान भी उन्हें करा दिया जाता है। व्याकरणका नाम भी न लेकर भाषाके शुद्धा-शुद्धका भी इन तीन वर्षों में पर्याप्त ज्ञान करा दिया जाता है। कथाओंकी मनोरंजकताके तारतम्यसे उन्हें भीतर-ही-भीतर भाषाकी सरसता और नीरसताके पहिचाननेका अभ्यास भी हो जाता है। शिशु-उद्यानके भीतर बालकोंकी अपनी गवर्नमेंट है। बालक इसके कार्य-निर्वाहके समय अनेक अद्भुत बुद्धि-चातुर्य प्रदर्शित करते हैं। शिशु-कक्षाके छात्रोंकी पोशाक जाँघिया, मोजा, जूता, और कोट या कुर्ता है। जाड़ेके दिनोंमें सिर ढाँकनेका गुलबन्द भी पहिनते हैं। कहीं किसी प्रकारके आभूषणका वहाँ नाम नहीं होता, किन्तु वस्त्र, ऋतुके अनुकूल तथा सुन्दर होते हैं। इस पोशाकमें बालक बालिकायें बड़े फुर्तीले दीख पड़ते हैं।

हमारे जानेपर अपने-अपने नायकोंको सामने किये हुए सब टोलियाँ खड़ी थीं, शिशु-पार्लियामेंटके प्रधान और मंत्रियोंने शिशु-समाजकी ओरसे हमारा स्वागत किया। मेरे कहनेपर अखाड़ेका खेल देखना निश्चित हुआ। बालकोंने स्वयं अपनी-अपनी जोड़ी चुनी। ऐसी दस जोड़ियोंको मैंने निश्चय किया। इनमें प्रथम, द्वितीय और तृतीय सभी वर्षों के बालक थे। अखाड़ेपर पहुँचकर पहली जोड़ी प्रथम वर्षके लड़कोंकी छोड़ी गई। इनका नाम कृष्ण और इब्राहीम था। अखाड़ेमें पहुँचनेसे पहले ही इन्होंने कपडा उतार कुश्तीका जाँघिया चढाया। पहले तो दोनों दूरसे दाव तकते रहे। आखिर गुत्थमगुत्थी हो गई। लड़नेके कायदे भी बतलाये गये हैं कि सफल होनेपर भी किन-किन अंगों पर चोट करने या पकड़नेसे हार हो जाती है। इब्राहीमने कृष्णको आखिर नीचे कर ही दिया, किन्तु कृष्ण भी एक था। इब्राहीम चित्त करते-करते हार गया, तो भी वह चित न हुआ। जब वह इसमें लगा हुआ था, तभी अवसर देख कृष्णने ऐसी झपट मारी, कि इब्राहीम चारों खाने चित। दर्शक शिशु-समाजने आनन्द-ध्वनि की। अब दोनों अलग-अलग खड़े हो गये। इब्राहीमने एक बार और औसर देनेकी प्रार्थना की। कृष्णने कहा—भाई इब्राहीम! कोई परवाह नहीं। एक बार तो चित कर ही दिया है। यदि

अबकी तुमने पछाड़ भी दिया; तो भी हम बराबर ही रहेंगे। अब दोनोंने फिर ताली बजा, भिड़न्त शुरू की। अबकी इब्राहीमने सचमुच कृष्णको ले धरा। आखिर दोनोंकी जोड़ी बराबर गिनी गई। बादको और जोडियोंने भी एक-एक करके अपने-अपने करतब दिखलाये। इसके बाद दौड़ और फुटबाल मैच हुआ। कुछ लड़कोंने तैराकी भी दिखलाई। अब हम लोग बागकी उस ओर गये, जिधर महापुरुषों की मूर्त्तियाँ थीं। मैंने प्रथम वर्षके बालक शानसे पूछा—तुम्हें मालूम है, इनमें मार्क्स कौन हैं। उसने झट जाकर हाथसे पकड़ बता दिया—यह हैं। तब मैंने पूछा—तुम इनके बारेमें क्या जानते हो? उसने संक्षेपसे बालकोंके समझने योग्य कितनी ही घटनायें बतलाईं। साराश यह कि, इन्होंने मानव-सेवाके लिए अनेक कष्ट सहे, किन्तु उसे न छोड़ा। एक बालिकासे फिर मैंने डार्विनके बारेमें पूछा। उसने भी हाथ रखकर, डार्विनकी कथा कह डाली। इसी प्रकार वनस्पति और पशुओंके बारेमें भी प्रश्न किये। उत्तर बहुत सन्तोषजनक मिले। सबसे बढकर बात यह देखी, कि बालकोंमें किसी प्रकारका भय या सकोच न था। बालकोंके सोनेके कमरे देखकर भोजनागार और चिकित्सालय आदिको भी देखा। आज मध्याह्न भोजन भी शिशु-मंडलीहीमें हुआ।

हमने बड़े प्रेमसे उनके गीत और किस्से सुने।

इनकी शिक्षा हरी-हरी घासों, फल-फूलसे लदे वृक्षों और पशु-पक्षियों के संग्रहालयोंमें होती है। बालिकाओंका स्वच्छता, सुन्दरता और निर्भीकता देखकर मैं कहता था, क्या इन्हींकी भाँति बीसवीं शताब्दीकी भी स्त्री-जाति थी। पुरुष-जातिने इनकी शक्तिको विकसित होनेसे रोक दिया था। उनको यह न मालूम था कि इससे उनकी अपनी भी हानि है। मैंने कहा—इन्हींमें आखिर उन अस्पृश्योंकी भी सन्तानें हैं, जिन्हें उस समय लोग यदि मनुष्य कहते थे, तो मानो बड़ी कृपा करते थे। अन्यथा उन्हें पशुओंसे भी बदतर समझा जाता था। कुत्तेको गोदमें बिठाने में संकोच न था, किन्तु मजाल क्या कि किस्मतके मारे वह पुरुष पासमें फटक सके। ओह! कितने करोड़ ऐसे मनुष्योंके अमूल्य जीवन बरबाद कर दिये गये! अन्यायका कुछ ठिकाना था! उन अभागोंको गाँवमें कुआँ रहनेपर भी कुएँका पानी पीनेको नसीब

न होता था। और दोषोंके साथ उनपर सबसे बड़ा दोष यह लगाया जाता था, कि वे मैला साफ करते हैं—वह मुर्दे पशुओंको ले जाते हैं, इत्यादि। किन्तु उन दोष-दर्शकोंको यह न सूझता था, कि समाजकी ऐसी सेवाके लिए—जिसे कि करनेके लिये और लोग तैयार न थे, तथा जिसपर समाजकी सुस्थिति निर्भर है—उनका कृतज्ञ होना चाहिये, न कि उलटा उन्हें तिरस्कार-का पात्र बनाना चाहिये। खैर! वह भी एक स्वप्नका समय था, यद्यपि वह स्वप्न हजारों वर्षों लम्बा-चौड़ा था। आखिर मनुष्योंने समझा—एक दूसरेको छोटा बनानेसे हमें स्वयं नीच बनना पड़ता है। संसार फिर उस स्वप्नको न देखे, उस नशे या मोह-निद्रामें न पड़े।

इस प्रकार आज शिशु-कक्षाका निरीक्षण समाप्त हुआ। अध्यापिकायें सभी उत्तम योग्यताकी हैं। साथिन वीरा जिस प्रकार कन्याओंके लिए आदर्श हैं, वैसे ही बालकोंके लिए सच्ची निर्माता माता हैं। सब देखकर प्रायः तीन बजे हमलोग अतिथि-विश्रामको लौट आये। कलके लिए बाल-कक्षाका देखना तै पाया। इसके बाद बहुत देर तक विद्यालयके दो शताब्दियोंके इतिहासके बारेमें वार्तालाप होता रहा।

११

शिक्षा-पद्धति : बाल-कक्षा

आज सबेरे ट्रामपर सवार हो, हमलोग बाल-कक्षाकी ओर चले। यह और भी दूर, अर्थात् दो कोसपर, थी। पहले कहे अनुसार बाल-कक्षा ८ वर्षकी अर्थात् ६ से १४ तककी है। इसमें दो-दो वर्षकी उपकक्षाएं बनाई गई हैं, जिनके लिए पृथक्-पृथक् निवासोद्यान हैं। बाल-कक्षामें संक्षेपसे साहित्य, गणित, भूगोल, व्याकरण, सगीत, आलेख्य, कृषि, गोरक्षा आदि विषय हैं। किन्तु यह सभी प्रत्येक छात्रको पढना आवश्यक नहीं है। विद्याओंकी ओर प्रलोभन-द्वारा प्रवृत्ति कराकर जिधर बालका स्वाभाविक रुझान नहीं देखा जाता, उधर बल नहीं दिया जाता। उदाहरणार्थ इस श्रेणीमें प्रविष्ट हो, ...रे पाँचवें वर्ष तक प्रत्येक बालकको संस्कृत आदि किसी भाषाके सिखाने

की प्रथा है। इन भाषाओंके सिखानेका वातावरण इस प्रकारका बनाया गया है, (यह पहले सूचित किया गया है) जहाँ बालकको छोटे शिशुओंकी भाँति भाषा सीखनेकी अनुकूलता रहती है। जबर्दस्ती मस्तिष्कपर लादनेका प्रयत्न नहीं किया जाता। किन्तु देखनेपर जब मालूम हो जाता है, कि बालक की उधर रुचि नहीं है, तो फिर बल नहीं दिया जाता। बाल-कक्षामें दाखिल होनेके साथ ही बालकोंको उनके नित्य-कृत्य बतला दिये जाते हैं।

बाल-कक्षामें पहुँचते ही वहाँ भी अध्यापक-अध्यापिका-वर्ग तथा विद्यार्थी-समाजकी ओरसे हमारा स्वागत हुआ। सब बालक-बालिका श्रेणीसे खड़े थे। पोशाक सबकी जाँघिया और कुर्त्ता था। जाड़ेमें सिर ढाँकनेके लिए गर्म वस्त्र, एवं जूता-मोजा भी मिलता है। एक-एक उपकक्षाका एक-एक गाँव बसा हुआ है, जहाँ भोजनालय, सस्यागारके अतिरिक्त भांडार भी रहता है। यहाँ भी तैरकर नहाने का कुंड है तथा अखाड़ों और खेलोंके मैदानोंका पूरा प्रबन्ध है। मकान तीन-महले हैं। ऊपर जानेके लिए बिजलीका झूला है। लिखने-पढने, प्रकाश, पुस्तक रखने आदि सबका प्रबन्ध है। निद्रासे उठकर शौचादि जाना पाँच ही बजे होता है। स्नान आदिसे निवृत्त होकर बालक कलेवा करते हैं। भोजनके लिए जो चार समय नियत हैं, वही बाल-कक्षाके लिए भी हैं—शिशु-कक्षाकी भाँति छः बार नहीं। अध्यापनके लिए यहाँ पृथक् पाठशाला है। बैठनेके लिए बेंचें हैं।

यद्यपि बाल-कक्षासे नियमानुसार पढाई शुरू होती है, तो भी विषयको रुचिकर बनानेकी ओर खूब ध्यान रहता है। इस समय मनोहर भाषामें लिखी पुस्तकों, नाटकों और बायस्कोपों-द्वारा इतिहासकी शिक्षाको भी जारी रक्खा जाता है। नाटकोंका बालक स्वयं अभिनय करते हैं। विज्ञान और ज्योतिष-सम्बन्धी जिज्ञासाओंकी पूर्तिके लिए उत्कंठा होनेपर दूरवीक्षण, एवं प्रयोग-शालाओंका भी सहारा लिया जाता है। कृषि, गो-रक्षा आदि विद्यायें क्रियात्मक ही अधिकतर सिखाई जाती हैं, जिसके लिए खेत तथा गोशाला आदि का प्रबन्ध है। बाल-कक्षाके प्रथम दो वर्षों को समाप्तकर विद्यार्थियोंको सार्वभौमी भाषाकी शिक्षा दो वर्ष तक दी जाती है। इस समय और विषय पूर्ववत्

ही मातृ-भाषामें चलते रहते हैं। सिर्फ बालकोंका निवास सार्वभौमी छात्रा-वासमें होता है, जहाँ सब लोग केवल वही भाषा बोलते हैं।

यह सार्वभौमी भाषा क्या है? एस्पेरेंटो भाषाका और भी परिमार्जित रूप है। एस्पेरेंटोमें प्रयुक्त होनेवाले आर्टिकल्स (Articles) को उड़ा दिया गया। बिल्कुल पन्द्रह नियमोंमें इसका सारा व्याकरण समाप्त होता है। लिंग, विभक्ति, प्रत्ययमें अटल नियम हैं, जिनका अपवाद कहीं नहीं होता। जैसे वचन दो ही हैं—एक वचन, बहुवचन। लिंग तीनों हैं, किन्तु निर्जीव पदार्थोंमें सभीके लिए नपुंसक लिंगका प्रयोग होता है स्त्रीलिंगवाले सभी शब्द आ, ई, ऊ, अन्तवाले होते हैं तथा केवल सजीव हीके लिए प्रयुक्त होते हैं। ऐसे ही अन्य स्वर-अन्तवाले शब्द सजीवके लिए आनेपर पुल्लिंग होते हैं। क्रियारूपोंके लिए सीधे-सीधे चार काल हैं, अर्थात् भूत, भविष्य, वर्त्तमान और आशा। वचन यहाँ भी दो हैं। बाकी पुरुष ज्यों-के-त्यों हैं। धातुओंका चुनाव खास तौरसे हुआ है। पहले पाली, प्राकृत जेन्द, और संस्कृत भाषाओंमें जो धातु एक-से हैं, उन्हें छाँट लिया गया है, अब इन धातुओंसे ग्रीक, लैटिन, एवं ट्यु टानिक (Teutonic), रोमन (Roman), स्लाव (Slav) और केल्टिक (Celtic) भाषाओंकी धातुओंसे तुलना करके जो धातु बहुत-सी भाषाओंमें सम्मिलित हैं, उन्हें चुन लिया गया है। सार्वभौमी में इन्हीं धातुओंसे बने शब्दों और क्रियाओंको लिया गया है। वैज्ञानिक शब्द जो अब तक यूरोपीय भाषाओंमें प्रचलित थे, वही स्वीकार कर लिये गये हैं, केवल उनके अन्तमें उनके लिंगके अनुसार प्रत्यय लगा दी गई हैं। अपने जीवनमें राष्ट्रीय आवश्यकता या भ्रमण आदिके लिए इस भाषाकी बड़ी आवश्यकता है। इसलिए बाल-कक्षामें नवें और दसवें वर्षमें इसकी शिक्षा अनिवार्य-सी है। सार्वभौमी छात्रावासमें जाने पर मुझे सभी बालक उसीमें वार्तालाप करते मिले। उस समय दसवें वर्षवालोंने मेरे आनेके उपलक्षमें अपनी प्रसन्नता इसी भाषामें प्रकट की। जिसके बहुतसे शब्द मुझे समझमें आने लगे थे। लोगोंने बतलाया, यह भाषा भूमंडलवासियोंकी प्रायः सभी मातृ-भाषाओंका पूर्ण बीज रखनेसे सभीके लिए आसान है। चीन, जापान, स्याम, तिब्बत, बर्मा आदि देशोंमें भी इसका खूब प्रचार है। ×

× × × × × × × भारतमें सभी जगह भारती भाषा इस समय मातृ-भाषा है। पेशावरसे बगदाद तक बोली जानेवाली फारसी भी इसके कुलकी है। यूरोप की भाषाओंकी भी वही दशा है, जिनका प्रचार यूरोप ही नहीं, अफ्रिका, अमेरिका, आस्ट्रेलिया तथा भूमंडलके अन्य द्वीपोंमें है।

यह पहले कहा जा चुका है, कि आजकल की शिक्षा-प्रणालीका मूल सूत्र है बालककी स्वाभाविक जिज्ञासा,रखनेवाली बुद्धिको उसकी अभीष्ट-प्राप्तिमें मदद पहुँचाना। इसीलिए ;परीक्षा करके जिस ओर बालककी स्वाभाविक रुचि होती है, उधर ही उसकी शिक्षाका मार्ग खोला जाता है। दो शताब्दियों के अनुभवने बतला दिया है कि यही वास्तविक शिक्षा है। जबर्दस्ती ठोंक-पीटकर वैद्य-राज बनानेवाले विचारने अनेक स्थानों पर बाधा पहुँचाई थी। पुराने समयके लोग भी खूब थे—खासकर २०वीं शताब्दीके। जिस प्रकार माता-पिता पुत्रकी इच्छा और उद्देश्यको देखे बिना बालकपनहीमें उसका जोड़ा उसके गले बाँधते थे, वैसे ही यह भी निश्चय कर डालते थे कि मेरा लड़का वकील होगा, मेरा डाक्टर इत्यादि। फल इसका यह होता था कि कितनी ही बार बालकको अपनी विद्या, रोचक कौन कहे, क्वीनैनकी गोलीसे भी कड़वी मालूम होती थी, और उसका कोई सुपरिणाम न होता था। किन्तु अब मामूली शिष्टाचार और लोकव्यवहारका उपयोगी ज्ञान तो बालकोंको देखते-देखते और सुनते-सुनते हो जाता है। और विद्याकी बात उनकी प्रवृत्ति पर आरम्भ होती है। इस प्रकार गणित और ज्योतिषकी ओर प्रवृत्ति रखनेवाले बालक उतना ज्ञान बाल-कक्षाहीमें सम्पादन कर लेते हैं, जितना बीसवीं शताब्दीके उस विषयके एम० ए० भी नहीं जानते थे। अंकगणित, रेखागणित, बीजगणित, त्रिकोणमिति, अक्षमिति, चलन-कलन आदि सभी गणितकी शाखाओंमें उनका पूरा अधिकार हो जाता है। वह अपने पाठ्य-विषयमें नित्य नवीन उत्सुकता और उत्साहके साथ संलग्न रहते हैं। उनका पठित विषय बहुत कुछ उपस्थित रहता है। साधारण ज्योतिषकी शिक्षा तो उनकी प्रथमहीसे आरम्भ रहती है। अपने अगले मार्गमें जहाँ-जहाँ जिस-जिस गणितकी आवश्यकता प्रतीत होती है, उधर बड़े आनन्दसे वह प्रवृत्त होते हैं। साहित्य,

भाषा, इतिहास, भूगोल, विज्ञान आदि में भी यही बात है, यद्यपि कोई बालक इन विद्याओंके साधारण ज्ञानसे भी सर्वथा अनभिज्ञ नहीं रहता। कारण, उसके नित्यके व्यवहारमें, बात-चीतमें, संसर्गमें, उनकी आवश्यकता पड़ती है। भविष्य-जीवनमें भी उनका साधारण ज्ञान अनिवार्य मालूम होनेसे वे उधर भी थोड़ा-बहुत परिश्रम स्वयं कर डालते हैं; किन्तु प्रकृतिके अनुकूल न होनेसे वह अधिक दूर तक उसमें नहीं जाते। बीसवीं शताब्दीमें जैसे खास-खास ही पाठ्य पुस्तकें रख दी जाती थीं, वैसा अब नहीं है। कौन-सी पुस्तक अब पढ़नेको देनी चाहिये, यह उस अध्यापककी इच्छापर निर्भर है, जो अपने विद्यार्थीकी प्रकृतिका बराबर निरीक्षण कर रहा है। समान प्रकृतिवाले छात्रोंकी टोलियाँ बनी रहती हैं, जिनके लिए प्रकृत विषयका मर्मज्ञ अध्यापक रहता है। विद्याके लिए अपेक्षित सभी सामान मौजूद रहते हैं। इस प्रकार शिक्षामें आजकी चाल आकाश-विमानोंही की भाँति तेज है।

बाल-कक्षाकी सभी बस्तियोंको हमने घूम-घूमकर देखा। सिर्फ इसी एक कक्षाके पाँच बड़े-बड़े ग्राम हैं। हरएक ग्राममें निवासियोंकी आवश्यकताके सभी समान मौजूद रहते हैं। अन्यत्र जैसे मैंने सब जगह यह नियम-सा देखा था कि मकान कोठेवाले नहीं होते, यहाँ विद्यालयमें सभी मकान तीन-महला, चार महलासे ऊपरहीके हैं।

विद्यार्थियोंको पुस्तकें तथा अन्य सामान रखनेके लिए अलग-अलग आलमारियाँ हैं। पढ़नेके लिए पृथक् पाठशालाका विशाल भवन है। खेलने-कूदने, लड़ने, तैरने आदिके बड़े-बड़े मैदान तथा तालाब हैं। बालकोंका शरीर देखनेहीसे पता लगता है कि उनकी शारीरिक उन्नतिपर कितना ध्यान दिया जाता है। सब बातोंका पूरा निरीक्षण करके दोपहर का भोजन भी हमने यहीं ग्रहण किया।

चौदह वर्षहीकी अवस्थामें बालिकाओंको इतना ज्ञान हो जाता है, जो कि २०वीं शताब्दीमें पर्याप्तसे भी कहीं अधिक कहा जाता। बालकोंकी अपेक्षा बालिकायें संगीत, आलेख्य, चिकित्सा और साहित्यमें अधिक रुचि रखतीं तथा योग्य भी निकलती हैं। बालिकाओंकी अवस्था देखकर बीसवीं शताब्दीके वे आदमी भी अपने विचार बदल डालते, जिन्हें कई निर्बलतायें स्त्री-जातिमें

स्वाभाविक मालूम होती थीं। मुझे यहाँके शिक्षण और योग्यताको देखकर निश्चय हो गया कि आजकलके मानव-जगत्की बहुत-सी न्यामतें इसीकी बदौलत हैं। एक ओर तो हजारों झगडों और आपत्तियोंकी जड़ पारस्परिक असमानता उठा दी गई और दूसरी ओर ऐसी सर्वगुण-भूषित शिक्षा; फिर क्यों न मनुष्यलोक पुराने ख्याली देवलोकसे भी अच्छा हो जाये !

१२

शिक्षा-पद्धति : तरुण-कक्षा

पूर्व क्रमहीसे मैं नित्य विद्यालयके एक-दो विभागोंका निरीक्षण करता रहा। और १२ दिन ऐसा करते रहनेपर एक बार सरसरी तौरसे सबको देख सका। शिशु-कक्षा और बाल-कक्षाकी शिक्षा जिस प्रकार अनेक विषयोंमें होती है (यद्यपि उसमें विद्यार्थीकी स्वाभाविक प्रवृत्तिका पूरा ध्यान रखा जाता है) वैसा मिश्रशिक्षण तरुण-कक्षामें नहीं है। ससारके व्यवहारोंको अच्छी तरह चलाने, तथा मनुष्यकी वैसी जिज्ञासा भी होनेसे, प्रथम दो कक्षाओंमें कुछ सर्वतोमुखी-सी शिक्षा दी जाती है, किन्तु तरुण-कक्षामें शिक्षा पानेवालोंके लिए अनेक विद्यालय हैं, जो विद्याकी एक शाखाकी शिक्षा देते हैं। विद्यार्थी अब केवल उसी विद्याका अध्ययन करता है, जिसकी ओर उसकी स्वाभाविक प्रवृत्ति है और जिसे उसने पिछले वर्षोंमें भी मुख्य तौरसे, औरोंको गौण रखते हुए, पढ़ा है। यद्यपि ऐसे बालकोंकी संख्या बहुत कम होती है, किन्तु हैं ऐसे भी विद्यार्थी, जो व्यवहारोपयोगी ज्ञानसे इसलिए अनभिज्ञ रह जाते हैं, कि उनकी रुचि न होनेसे उधर उनको परिश्रम नहीं कराया जाता।

नालन्दा विद्यालयमें पृथक्-पृथक् विषयोंके पन्द्रह विद्यालय हैं, जो भाषा-पुरातत्व, ज्योतिष, दर्शन, विज्ञान, साहित्य, सगीत, आलेख्य, वास्तु (सिविल इजीनियरिंग), आयुर्वेद, वनस्पति, प्राणि, कृषि, यान्त्रिक एवं शिक्षण विद्यालयोंके नामसे प्रसिद्ध हैं। अध्यापक अपने-अपने विषयके पूर्ण ज्ञाता हैं। भाषा-पुरातत्व विद्यालयमें इतिहासकी मौलिक सामग्रीसे परिचय एवं उसके

एकत्रित करनेका ढंग बतलाया जाता है। यह बीसवीं शताब्दी नहीं, बाईसवीं शताब्दी है। भूमि, बालू अथवा समुद्रोंके नीचे पड़ी हुई सामग्रियाँ बहुतायतसे इधर मिली हैं। अनेक पुरानी जातियोंके धर्म, आचार-विचार तथा इतिहासपर इधर बहुत प्रकाश पड़ा है। भारत, मिश्र, असुर, कल्दान, ईरान, मेक्सिको, ब्राजील आदि अनेक देशोंकी प्राचीन सभ्यताकी परिचायक अनेक सामग्रियाँ हाथ लगी हैं। राष्ट्रने इन सामग्रियोंके प्राप्त करने और रक्षित रखनेमें कोई कसर नहीं उठा रखी है। जहाँ प्राचीन खंडहरोंको खोदने, चीजोंकी रक्षाके लिए सुरक्षित स्थान बनानेमें लाखों आदमी काम कर रहे हैं, वहाँ हजारों विद्वान् दिन-रात उनके रहस्यके खोलनेके लिए भी परिश्रम कर रहे हैं। भारतकी प्राचीन सभ्यता और इतिहासके लिए मध्य-एशिया, तिब्बत, हिमालय, जावा, बाली, स्याम, सुमात्रा और लंका (सीलोन) तक छान मारा गया है। इस काममें नालन्दा-विद्यालयका हाथ सबसे अधिक क्या, बिल्कुलके करीब है। पुरातत्व-विद्यालयके साथ यहाँ इतिहासकी इन सामग्रियोंका एक बड़ा भारी संग्रहालय है, इसमें प्राचीन भारत ही नहीं, असुर, मिश्र, मेक्सिको आदि देशोंके इतिहासकी सामग्री भी है। संसारके दूसरे संग्रहालयोंमें जो वस्तुयें इस प्रकारकी हैं, उनकी भी यहाँ प्रतिकृति रखी गई है। इसमें स्वयं नालन्दा-विद्यालयकी भी पुरानी बहुत सी वस्तुएँ एकत्रित की गई हैं। यहाँकी ऐतिहासिक सामग्रियाँ, जो पहले दूसरे संग्रहालयमें चली गई थीं, वह भी अब यहाँ लौट आई हैं। संग्रहालय-भवन आठ तलोंका, बड़ी दूर तक फैला हुआ है। भाषाओंकी शिक्षाका नवीन ढंग ऐसा सरल निकला है कि जिससे और भी बहुत-सी कठिनाइयाँ दूर हो गई हैं। पुरातत्त्व और इतिहासके मौलिक जिज्ञासु विद्यार्थियोंको पहले उनके अभीष्ट विभागमें अपेक्षित भाषाओंका ज्ञान कराया जाता है।

ज्योतिष-विद्यालय राजगृहमें है। इसके साथ एक बहुत भारी वेधशाला है, जो वहाँके 'बैभार गिरि' पर बनी है। वैभार गिरिकी कायापलट हो गई है। ऊपर जानेके लिए बहुत अच्छी सड़क है, जिसके अगल-बगल वृक्ष लगे हैं। वेधशालामें अनेक दूरवीक्षण यंत्र हैं, जिनमें एक तो संसारके तीन सब-से बड़े दूरवीक्षणोंमेंसे है। जिसमें ग्रहोंकी साधारणतया देखी जानेवाली

आकृति लाखों गुनी बड़ी दिखाई देती है। इसी प्रकार वर्णवीक्षण (Spectroscope) यंत्र भी बहुत भारी ताकतका है। तार-रहित तारका यहाँ ही एक बड़ा अड्डा है। अब मंगलके विषयमें बहुत अधिक ज्ञान हो गया है। वहाँसे ऐसेही वार्तालाप होने लगा है, जैसा कि भूमंडलमें एक जगहसे दूसरी जगहपर। पहले एक दूसरेकी भाषा समझनेमें कठिनाई हुई थी, किन्तु अब वह भी जाती रही। यद्यपि दिन-प्रति-दिन वृष्टि और जलकी कमी होती जाने एवं मंगल-गर्भीय उष्णता—जीवन-शक्ति—का ह्रास होते जानेसे वहाँके लोग चिन्तित हैं, तो भी उन्होंने इसकेलिए बहुत-सा उपाय किया है। जहाँ एक ओर नहरोंका जाल-सा बिछा दिया है, वहाँ अपने यहाँकी जन-वृद्धिको भी रोक दिया है—रोक ही नहीं, बल्कि कम करना आरम्भ किया है। यद्यपि लोग भी इसके प्रयत्नमें हैं, कि किसी नये ग्रहमें जायँ, किन्तु अभी तक इसका कोई उपाय नहीं सूझा है। भूमंडलके लोग भी, उनकी कठिनाइयोंको देखकर चुप नहीं हैं। वह भी इसका हल ढूँढ़ रहे हैं। कोई-कोई इस बातकी भविष्यद्वाणी भी करने लगे हैं, कि वह समय समीप है, जबकि मनुष्य एक ग्रहसे दूसरे ग्रहमें जा सकेंगे। यदि ऐसा हो सका, तो हमारा अपने रहन-सहनका संसार तथा भाई-बन्धुपन और भी बढ़ जायगा। एक-एक ग्रहके ठढा होनेपर लोग पहलेहीसे दूसरे ग्रहमें चले जा सकेंगे। बैभारगिरिपर वेधशालाके कामहीके लिए दूर तक मकान बन गये हैं। पानी और बिजलीका ऊपर ही खूब अच्छा प्रबन्ध हो जानेसे वह और भी अधिक आनन्दका स्थान हो गया है।

दर्शन-विद्यालय यहाँसे दो कोस पीछेकी ओर है। यहाँ भारतीय सेश्वर-निरीश्वर दर्शन ही नहीं, भूमंडल भरके दार्शनिक विचारोंका अध्ययनाध्यापन होता है। आचार्य वसिष्ठ इस विषयके स्वयं अपूर्व विद्वान् हैं। उनका बहुत समय इसीके पठन-पाठनमें व्यतीत होता है। सभी विद्यालय एक दूसरेसे दूर-दूरपर हैं। उनके बीचमें या तो मैदान हैं, या आम-लीची आदि फलोंके कोसों लम्बे बाग। सभी विद्यालय पुस्तकालयों तथा अपेक्षित अन्य सामग्रियोंसे युक्त हैं। जहाँ विज्ञान-विद्यालय रसायनशाला तथा प्रयोगशालासे सुसज्जित है; वहाँ वनस्पति और प्राणिशास्त्रके विद्यालयोंके साथ बड़े-बड़े

वनस्पति-उद्यान एवं प्राणि संग्रहालय हैं। इस प्रकार सभी विद्यालय सांगोपांग विद्या-वितरण कर रहे हैं। उनके पासहीमें उन-उन विद्यालयोंके छात्रावास हैं। छात्रावास क्या हैं, एक-एक ग्राम हैं। बालकों और बालिकाओंके छात्रावास तथा विद्यालय इकट्ठे ही हैं। स्त्री-पुरुषका भेद ही उठा सा दिया गया है।

विद्यालयकी बस्तियोंमें भोजन बनानेवाले तथा स्वच्छता एवं मशीनों आदिके सुधारके लिए कुछ और लोग नियुक्त हैं, जिनके निवास-स्थान अलग बस्तियोंमें हैं। लड़कोंके वस्त्र धोने एव कपड़ा सीनेके गाँव भी पृथक् हैं। इसी तरह गोपाल-ग्राम भी पास, किन्तु विद्यालयकी सीमाके बाहर है। पुस्तकोंके छापनेके लिए जो 'नालन्दा प्रेस' पहले खोला गया था, अब उसका काम बहुत बढ गया है। भिन्न-भिन्न शास्त्रोंके यहाँसे कई मासिक-पत्र निकलते हैं। नालन्दाके पुराने स्तूपों और इमारतोंको पूरा सुरक्षित रक्खा गया है। भैरवजीके नामसे २०वीं शताब्दीके ग्राम्यजनोंमें प्रसिद्ध बुद्धकी मूर्त्तिपर अब एक बहुत अच्छी छतरी लग गई है। वह विशालकाय, सुन्दर, शात मूर्त्ति अब और भी अधिक मनोहर मालूम होती है। उसके पासका बड़ा स्तूप अब नया सा मालूम होता है। सूर्यनारायण और उसके पासका वह गाँव अब नहीं है।

विद्यालयकी तरुण-कक्षा, एवं विद्यालयकी शिक्षा समाप्त कर और अधिक पढनेवाले विशेषज्ञोंकी श्रेणीमे भारतसे बाहर लंका, बर्मा, स्याम, जावा, चीन, जापान, तिब्बत आदि देशोंके विद्यार्थी बहुत अधिक संख्यामें हैं। इन देशोंके आचार्योंमें आजकल नालन्दाके शिक्षितोंकी काफी सख्या है। संसारमें कोई विद्या नहीं, जिसकी उच्च शिक्षा विद्यालय न देता हो। ऐसे ही संसारका शायद ही कोई कोना होगा, जहाँ नालन्दाका छात्र न हो।

१३

शासन-प्रणाली

नालन्दामें रहते हुए और कामोंके साथ मैंने उचित समझा, कि आजकलकी शासन-प्रणालीका भी ज्ञान प्राप्त करूँ। इस कार्यमें उपाध्याय विश्वा-

मित्रने बड़ी सहायता की। अब-तकके वर्णनसे यह मालूम ही हुआ होगा, कि भूमडलमें सभी जगह अब समताका राज्य है। धर्मके नामपर, ब्राह्मण-राजपूत-शेख-सय्यद जातियोंके नामपर, धन और प्रभुताके नामपर, गोरे और कालेके नामपर, जो अत्याचार पहले होते थे, कितनी ही मानव-सन्तानें दूसरोंके पैरोंके नीचे आजन्म कुचली जाती थीं, उन सबका अब नाम नहीं। अब मनुष्य-मनुष्य बराबर हैं, स्त्री-पुरुष बराबर हैं। सभी जगह श्रम और भोगका समत्व मूल-मन्त्र रखा गया है। न अब भूमंडलमें जमींदार हैं; न सेठ-साहूकार हैं; न राजा हैं, न प्रजा, न धनी हैं, न निर्धन; न ऊँच हैं, न नीच। सारे भूमडलके निवासियोंका एक कुटुम्ब है। पृथ्वीकी सभी स्थावर-जंगम सम्पत्ति उसी कुटुम्बकी सम्पत्ति है। दैनिक आवश्यकताओंकी पूर्तिके लिए जिन-जिन पदार्थों की आवश्यकता है, उनके उत्पादन और संग्रहके लिए अपनी-अपनी योग्यतानुसार सभी सचेष्ट होते हैं। श्रम कम और उत्पत्ति अधिक होनेके लिए कार्यों और श्रमोंके बहुत-से विभाग कर दिये गये हैं। बीसवीं शताब्दीके लोगोंको आजकलका विभाग विचित्र-सा मालूम होता। अब तो जीवनकी एक भी आवश्यक वस्तु शायद ही एक कोई गाँव, बिना दूसरेकी सहायताके, उत्पन्न करता हो। जहाँ पहलेका एक ग्राम अनेक प्रकारके अनाज, साग-तरकारियोंके अतिरिक्त कितने ही छोटे-छोटे शिल्पोंका भी व्यवसाय करता था, वहाँ आजका यह विचित्र गाँव है, जो आकार, संख्या और खर्चमें उससे कई गुना बड़ा होने पर भी एक भी चीज पूरे तौरसे पैदा नहीं करता। यदि गेहूँ पैदा करता है, तो आटा दूसरी जगह पीसा जाता है; यदि ऊख पैदा करता है, तो चीनी दूसरी जगह बनती है; यदि दूध पैदा करता है, तो घास-दाना दूसरी जगहसे मँगाता है; यदि सिलाई करता है तो कपड़ा दूसरी जगहसे मँगाना होता है। मशीनोंकी ढलाई-सुधराई तो खैर दूसरी जगह पहले भी होती थी। आज-कलका सारा मनुष्य-समाज जिस प्रकारकी जीवन-सामग्रियोंसे परिपूर्ण है, उन सबकेलिए यदि ऐसा न किया जाता, तो बहुत समयकी आवश्यकता होती। आज जिस प्रकार कुल चार घंटे काम करके ही मनुष्य सारी आवश्यकताओंको प्राप्त कर बाकी बीस घंटे जीवनके अन्य आनन्दोंके उपभोगमें लगाता है, वैसा वह कब कर सकता था? यंत्रोंका न उपयोग करते,

तो इतना भोग प्राप्त करना असम्भव था, चाहे सारा भी समय उसीके लिए क्यों न समर्पण किया जाता। यंत्रोंके उपयोगको भी अधिक लाभदायक बनानेके लिए यह श्रम-विभाग उपयुक्त सिद्ध हुआ है। ऐसे पहले भी श्रम-विभाग कुछ तो हुआ ही था, किन्तु आजकलके लोगोंने इस सूत्रको और भी विस्तृत अर्थमें प्रयोग किया है।

पहले शासनोंमें रचनात्मक कार्योंकी अपेक्षा ध्वंसात्मक कार्योंहीकी मात्रा अधिक थी। जब कभी लड़ाई छिड़ जाती, तब तो मानों इसका ज्वालामुखी फूट निकलता था।

इस विषयमें और कहनेसे पूर्व उचित प्रतीत होता है, कि वर्तमान शासन-व्यवस्थाके ढाँचेका कुछ जिक्र कर दिया जाय। सारे भूमंडलकी शासन-व्यवस्थाका मूल-ढाँचा ग्रामकी शासन-व्यवस्थाको समझिये। ग्राम-शासन-सभा—या जिसे सक्षेपमें ग्राम-सभा कहते हैं—में अपनी जनसंख्याके अनुसार सैकड़े पीछे एक पंच चुननेका अधिकार है। यदि किसी गाँवमे पाँच हजार आदमी हैं, तो वहाँकी ग्राम-सभाके पचास सभासद् होंगे। इस चुनावमें सम्मति देने तथा खड़ा होनेके लिए उस ग्रामके प्रत्येक नर-नारी समान भावसे योग्य हैं, यदि कोई मानसिक अथवा शारीरिक असमर्थता इसमें बाधक न हो। यह सभासद् फिर अपना सभापति या ग्रामणी, तथा × × × × सोलह सभासदोंकी कार्य-कारिणी समिति बनाते हैं। × × × × × × × × × × × × × इसी कार्यकारिणीके हाथमें ग्रामकी आवश्यकता और उत्पत्तिके देख-रेख तथा प्रबंधका भार रहता है। पहले एक बार कहा जा चुका है, कि ग्रामकी प्रत्येक श्रेणीका एक नायक होता है। यह नायक सौ परिवारों-द्वारा चुना जाता है, जिनमें अधिक-से-अधिक दो सौ व्यक्ति हो सकते हैं। दो सौसे कम इसलिए हो सकते हैं, कि शायद कुछ पुरुष-स्त्री अविवाहित हों। ग्राम-कार्य-कारिणी समिति इन नायकोंसे अपना बहुत-सा कार्य कराती है। शान्ति-भग तथा अन्य आवश्यक समयमें यों तो सभीका कार्य शासन-सभाकी सहायता करना है, किन्तु इन नायकोंका उस समय यह प्रधान कर्तव्य होता है। पूर्व-कालकी पुलिसका कार्य इन्हींके द्वारा लिया जाता है। किसी कार्यके कारण अनुपस्थित होनेपर इनके स्थान-

पर ग्राममें सहायक नायक कार्य करते हैं। ग्रामके सभी [illegible]को भिन्न-भिन्न कार्यपर नियुक्त करना ग्राम-सभाकी सम्मति-अनुसार कार्यकारिणीका काम है। यह आवश्यकतानुसार वैद्य, धाय, पुस्तकाध्यक्ष, भोजनाध्यक्ष, भण्डारी आदि सभी विभागोंके प्रमुखोंको नियुक्त करती है। ग्राम-सभाके एक बारके चुने सभासदोंकी अवधि अधिक-से-अधिक तीन वर्ष है। यही अवधि यहाँसे सार्वभौम सभाके सभासदों तककी है। किन्तु शिक्षा-सम्बन्धी संस्थाओंके लिए चुने गये व्यक्तियोंके लिए यह नियम लागू नहीं है। इस प्रकार किसी शिक्षकको आजन्म अपने पदपर रहनेका अधिकार है, यदि उसने जनताकी दृष्टिमें कोई अक्षम्य अपराध न किया हो।

ग्रामोंके बाद बहुत-से ग्रामोंको मिलाकर पहले तहसील या सब-डिवीजन सभायें तथा कहीं-कहीं थाना सभायें थीं। किन्तु उनके टूटे सौ वर्षसे ऊपर हो गये। ग्रामोंके सुन्दर प्रबन्ध, बिजलीकी सवारी-गाड़ियों तथा टेलीफोनोंका प्रति ग्राममें उत्तम प्रबन्ध होनेसे वस्तुतः जिलाकी दूरी अब तहसीलहीके बराबर रह गई है। जिस प्रकार प्रत्येक सौ आदमियोंपर एक आदमी ग्राम-सभाका सभासद चुना जाता है, वैसे ही बीस हजारपर एक आदमी जिला-शासन-सभाका सभासद् चुना जाता है। जैसे पटना जिलामें दस लाख आदमी रहते हैं और यहाँकी शासन-सभामें पचास सभासद् हैं। प्रत्येक पाँच सभासद् पर कार्य-कारिणीका एक सभासद् चुना जाता है। इस प्रकार पटना जिलाकी कार्य-कारिणीके दस सभासद् हैं जिनके हाथमें क्रमशः निम्न दस विभाग हैं—

१—शिक्षा;
२—स्वास्थ्य, जन-संख्या-सावधीकरण;
३—शान्ति-व्यवस्था, न्याय;
४—अर्थ;
५—दूसरे जिलों तथा स्थानोंसे लेन-देन,
६—कृषि, शिल्प-व्यवसाय:
७—यन्त्र-गृहादि-निर्माण और सुधार;
८—डाक, तार, रेल, विमान;

९—पुरातत्त्व-इतिहास-संरक्षण;
१०—प्रेस।

चुनाव होनेसे पहले जिलाकी ग्राम-सभायें तथा जन-साधारण-द्वारा उम्मेदवारोंके नाम आते हैं, जिन्हें जन-साधारणकी अभिज्ञता और विचारके लिए चुनाव-तिथिसे पूर्व ही प्रकाशित कर दिया जाता है। पीछे उनके विषयमें प्रत्येक ग्राममें एक ही दिन, एक ही समय वोट लिया जाता है; फिर बहु-सम्मतिसे निर्वाचित पुरुषों तथा स्त्रियोंका नाम प्रकाशित कर दिया जाता है। किसी प्रकार अयोग्य सिद्ध होनेपर उस सभासद्को स्थानसे च्युत करनेका अधिकार उसके निर्वाचकोंको है। एक सभासद्के निर्वाचनका हल्का पृथक्-पृथक् होता है। पटनामें ऐसे-ऐसे पचास हल्के हैं। जिलेका जिस जगह सदर रहता है, वहाँ के लोगोंका प्रधान काम जिला-शासन-सम्बन्धी कार्योंका करना है। लिखने-छापने आदिका काम, पुराने कागज-पत्रोंको सुरक्षित रखने-का काम, शासनके अनेक विभागोंके काम, सभी वहींपर होते हैं। यद्यपि प्रति तीसरे वर्ष जिला-शासन-सभाके सभासदोंका परिवर्तन हो जाता है, किन्तु भिन्न-भिन्न विभागोंके दफ़्तरोंके कार्यकर्त्ता, तथा अन्य कार्य-निर्वाहक पूर्ववत् ही बने रहते हैं। कार्य-कारिणीके सभासद् अपनी अवधि भर जिलाके प्रधान स्थानपर निवास करते हैं।

जिलाके विभागोंमें प्रथम, द्वितीयका कार्य तो नामहीसे स्पष्ट है। शान्ति-व्यवस्था-न्याय-विभाग शान्ति-स्थापन, अदालत और अपराधियोंको उचित दंड और सुधारका काम करता है। किसीकी व्यक्तिगत कोई सम्पत्ति न होनेसे अब तो दीवानीका शब्द ही उठ गया है। इसलिए कचहरी कहने-से सिर्फ फौजदारी कचहरी ही समझना चाहिए। जैसे संसारसे और दूकानें उठ गईं, वैसे ही गवर्नमेंटकी स्टाम्पफरोशी, अमलोंकी पान-सुपाड़ी, वकीलों-का मिहनताना भी उठ गया। उन्नीसवीं-बीसवीं शताब्दीके इस प्रतिष्ठित पेशेका तो एकदम ही पता नहीं है। अदालतका कमरा खुला हाल होता है, जिसमें न्यूनातिन्यून दो विद्वान् वृद्ध अनुभवी जज बैठते हैं। प्रत्येक अभियोग अपने ग्रामकी न्याय-पंचायत—जो ग्राम-सभा-द्वारा संगठित की गई एक समिति होती है—से होकर आता है, जिसमें या तो ग्राम-सभा अपना फैसला दे दिये

रहती है, या आरम्भिक अनुसन्धानके बाद जिलाकी अदालतमें भेज देती है। वादी, प्रतिवादी गवाह सभी होते हैं। न्यायाधीश स्वय हर बातकी गहराई तक पहुँचनेका प्रयत्न करते हैं। अभियोगोंकी सख्या बहुत ही कम होती है, इसलिए कचहरियोंकी चहल-पहल नहीं है। मुकदमें अपमान, मार-पीट अथवा खून इन्हीं तीन दफ़ाओंमें खतम हो जाते हैं। फाँसी या प्राण दंडकी सजाही अब एकदम उठा दी गई है, उसके स्थान पर अपराधियोंको किसी टापूमें मनुष्य-समाजके आनन्दसे वञ्चित करके रखा जाता है, जहाँ उसके भली प्रकार इलाज, शिक्षण आदिका प्रबन्ध होता है। किन्तु जब यह सिद्ध हो जाता है कि अब उसके स्वभावमें परिवर्तन हो गया, अब वह समाजके लिए खतरनाक नहीं है, तो फिर उसे छोड़ दिया जाता है। दूसरे अपराधोंके बन्दियोंके लिए प्रत्येक प्रान्तको एक जेल रखना पड़ता है, जहाँ उन्हें रखकर सुधारा जाता है।

पाँचवें विभाग-द्वारा जिलामें उत्पन्न वस्तुयें आवश्यकतावाले बाहरी स्थानोंमें भेजी जाती हैं, और दूसरे जिला तथा प्रान्त आदिसे आवश्यक वस्तुयें मँगाई जाती हैं। यह मानों जिलाके भीतर और बाहर वस्तुओंके बदलनेका द्वार है। बाकी दूसरे विभाग नामहीसे स्पष्ट हैं।

कई जिलोंके ऊपर प्रान्तीय शासन-सभा होती है। प्रत्येक दो लाख मनुष्योंपर इसका एक सभासद् चुना जाता है। निर्वाचनसे पूर्व नामजद करनेका तरीका नीचेसे ऊपर तक एक-सा ही है। बिहारमें दो करोड़ स्त्री-पुरुष सम्मति देनेवाले हैं। इस प्रकार प्रान्तीय-सभामें यहाँ एक सौ सभासद हैं। इसकी कार्य-कारिणीमें भी पूर्ववत् दस विभागोंके दस सभासद् या मंत्री हैं। इनके कार्य भी पूर्ववत् ही हैं किन्तु क्षेत्र विस्तृत है। प्रान्तका न्यायालय अपीलका अन्तिम स्थान है। यहाँ भी कार्यकारिणीके सभासदों तथा सभापतिका प्रान्तके मुख्य स्थानमें अपनी अवधि भर रहनेका नियम है। अन्य सभासद् केवल सभाकी बैठकोंके समयमें ही आते हैं।

प्रान्तोंके ऊपर देश-सभा है। इसके लिए प्रति दस लक्ष एक पर प्रतिनिधि चुना जाता है। भारतमें इस समय बीस करोड़ सम्मति-दाता स्त्री-पुरुष रहते हैं, बाकी पाँच करोड़ बीस वर्षसे कम तथा विद्यार्थी-अवस्थामें हैं।

भारत-शासनकी कार्य-कारिणीमें भी वैसे ही दस आदमी कार्य-कारिणीके सभासद होते हैं, जिन्हें अवधि-भर दिल्लीहीमें रहना होता है। किन्तु दो शताब्दी पूर्वके समान शिमला-निवास इन बेचारोंके भाग्यमें नहीं है। विभाग पूर्ववत् ही हैं, कार्य-क्षेत्र विस्तृत है।

इसके ऊपर सार्वभौम सभा है, जिसके लिए पचास लाखपर एक सभासद् चुना जाता है। इस समय भूमंडलकी मनुष्य-गणना एक अरब अट्ठासी करोड़ है, जिसमें अड़तीस करोड़ तो विद्यार्थी आदि हैं, बाकी डेढ़ अरब स्त्री-पुरुष सम्मतिदाता हैं। सार्वभौम सभाके तीन सौ सभासदोंमेंसे चालीस भारत भेजता है। सार्वभौमकी कार्य-कारिणीमें पन्द्रह सचिव हैं। सार्वभौम सभाके सभापतिको राष्ट्रपति कहते हैं। सार्वभौम सभाका स्थान दक्षिणी अमेरिकाके ब्राजील देशकी नारंग नदीके किनारे ठीक भूमध्य-रेखापर है। यहाँहीकी अक्षांश-रेखा शून्य मानी जाती है। इस नगरका नाम सार्वभौम नगर है। इसे बसे आज सौ वर्ष हो गये। जिस दिन सार्वभौम शासन स्थापित हुआ, उसी दिन एक सार्वभौम संवत् भी चलाया गया। आजकल संवत् १०१ चल रहा है। सार्वभौम सभाके सभासदोंकी यात्रा वायुयानों द्वारा हुआ करती है। राष्ट्रपति तथा कार्यकारिणीके सभासद् अथवा सचिव अपनी अवधि भर सार्वभौम नगरमें रहते हैं। सार्वभौम सभाकी कार्यवाही सार्वभौमी भाषामें होती है। सार्वभौम नगरमें पचास सहस्र स्त्री-पुरुष रहते हैं। इनमें सभी देशोंके आदमी हैं, जो भिन्न-भिन्न विभागोंके दफ्तरों तथा अन्य कार्योंमें नियुक्त हैं। सार्वभौम सचिवोंके हाथमें निम्न विभाग हैं—

१—शिक्षा
२—स्वास्थ्य
३—शान्ति-व्यवस्था
४—अर्थ
५—लेन-देन, परिवर्तन
६—कृषि
७—शिल्प व्यवसाय
८—यंत्र

९—गृह-पथ-निर्माण आदि

१०—डाक-तार

११—यान-विमान

१२—मुद्रण

१३—जन-संख्या-नियंत्रण

१४—पुरातत्त्व-संग्रहालय

१५—रेकर्ड-इतिहास

मनुष्य-गणनाको अधिक बढ़ने न देनेका पिछली दो शताब्दियोंमें बहुत प्रयत्न हुआ है और उसमें पूर्ण सफलता हुई है। इस विभागका सम्बन्ध ऊपरसे ग्राम तक है। प्रत्येक दसवें साल मनुष्य-गणना तो होती ही है, इसके अतिरिक्त, जहाँ दो माससे ऊपरका गर्भ हुआ, उसकी सूचना और गणना भी इस विभाग-द्वारा बराबर पत्रोंमें निकलती रहती है। दो उद्देश्योंको लेकर यह विभाग कायम हुआ था, जन-संख्याकी वृद्धिको रोकना, और चिर-रोगी, राजरोगी-द्वारा सन्तान न उत्पन्न होने देना। दोनों ही उद्देश्योंको इसने पूर्ण किया है। आजकल जो एक भी कुष्ट, मृगी, उपदश, बवासीर आदि रोगोंवाले आदमी नहीं मिलते, उसका कारण उक्त प्रयत्न ही है। ऐसी छूतकी बीमारियोंवाले रोगियोंको साधारण जन-समाजसे पहले अलग करके आरामके साथ रखने तथा उनकी चिकित्साका भी पूर्ण प्रबन्ध किया जाता है। इस प्रकार उन्हें अपने संसर्गसे रोग फैलानेका मौका नहीं दिया जाता। दूसरे, आगे सन्तान न हो, इसके लिए उनकी जनन-शक्तिको विशेष निर्धारित उपायोंसे नष्ट कर दिया जाता है। इस प्रकार मनुष्य-जातिके चिर-शत्रु इन बीमारियोंका उन्मूलन किया गया है। इतनेपर भी देखा गया, कि यदि कोई रुकावट न डाली गई, तो मनुष्य-संख्या बेतहाशा बढती ही जा रही है। विशेषज्ञोंकी समितिने पृथ्वीकी औसत वार्षिक आमदनी निकाल बतलाई। मालूम हुआ, इससे पौने दो अरब से कुछ ही अधिक आदमी सानद जीवन व्यतीत कर सकेंगे। फिर क्या था! यह भी हिसाबसे मालूम हो गया कि इतनी पैदाइशमें इतने तो मरनेवालोंकी जगह पूरा करते हैं। बाकी इतने केवल वृद्धि करते हैं। यदि प्रत्येक विवाहित दम्पती दो या

तीन सन्तान ही उत्पन्न करें, तो यह वृद्धि रोकी जा सकती है। इसपर फिर यहां जनन-शक्ति नाश करनेकी प्रक्रियाका प्रयोग किया गया। प्रत्येक स्त्री-पुरुषके बुढ़ापेके आरामका जिम्मा तो अब राष्ट्रपर है, इसलिए सन्तान उत्पन्न करनेकी बड़ी लालसा तो ऐसे भी कम हो गई है। और उक्त प्रक्रियासे केवल जनन-शक्ति मात्रहीका ह्रास होता है, बाको सब तो पूर्ववत् ही रहता है। इसे इसलिए लोग स्वयं पसन्द करते हैं। पहले अनेक पुरुष इसके विरोधी थे। उनका कहना था कि वृद्धि तो अवश्य रोकी जानी चाहिये, किन्तु कृत्रिम उपायसे नहीं, संयम नियमसे। दूसरे विचारवालोंका कहना था कि यह संयम इतना सरल कार्य नहीं, जिसे राष्ट्रके सभी जन पालन कर सकें। जब यह बात है, तो इसपर ढील देना एक प्रकारसे जनवृद्धिको ही पुष्ट करना है। राष्ट्र इस मृगतृष्णाके भरोसे अपनी आवश्यकताको पूर्ण करनेसे नहीं रुका रह सकता। अस्तु। इसका फल अब यह हो गया है, कि और कामोंकी भाँति जन-संख्याका घटाना-बढ़ाना भी राष्ट्र-कर्णधारोंके हाथमें वैसे ही है, जैसे बिजली-बत्तीका जलाना और बुझाना।

१४

नालन्दासे प्रस्थान

नालन्दामें पूरे एक पखवारे तक निवास करनेके बाद मैंने अपनी अगली यात्रा आरम्भ की। विश्वामित्रको वर्तमान और भूत जगत्का पूर्ण परिचय था, और वह मेरे भी पूर्ण परिचित हो गये थे। इसलिए मैंने अपनी यात्रामें उन्हें ही साथी चुना। उन्होंने भी बड़ी प्रसन्नतापूर्वक इसे स्वीकार किया। आते समय यद्यपि पटना पडा था; किन्तु रात्रिका समय था, हमलोग वहाँ उतर न सकते थे, इसलिए उसके बारेमें कुछ न जान सके। अब अपनी यात्रामें नालन्दासे प्रथम पटना ही चलना निश्चित हुआ। यात्रा दिनमें की गई, इसलिए मार्गकी भूमिके दृश्य भी खूब दिखाई पड़ते थे। विश्वामित्र इधरके गाँव-गाँवसे परिचित थे। वह बीच-बीचमें गाँवोंके बारेमें बहुत-कुछ बतलाते जाते थे। नालन्दा पटनासे साधारण ट्रेन-द्वारा दो घंटेका रास्ता है।

रास्तेमें आमोंके बाग बहुत देखनेमें आये। मैंने विश्वामित्रसे कहा, कि पटनाके मालदह, लँगड़ा आम पहले भी बहुत मशहूर थे। उन्होंने बतलाया, अब आकार और स्वाद, दोनोंमें और भी उन्नति हुई है। यहाँके आम सुमेरु (उत्तरीय ध्रुव) से कुमेरु (दक्षिणीय ध्रुव) तक पृथ्वीमें चारों ओर भेजे जाते हैं। विदेह, मगध और अग, तीनों ही खड ससारके आमों और लीचियोंके बगीचे हैं। इनकी अधिक भूमि तथा निवासियोंका अधिक अंश इन्हींकी खेतीमें लगा रहता है। तारीफ यह है, कि अब यह दोनों ही फल बारह मास तैयार होते रहते हैं, हर वक्त हजारों रेल-गाड़ियाँ इनसे लदी, बर्फसे सुरक्षित, एशिया और यूरोपके भिन्न-भिन्न भागोंमें दौड़ती रहती हैं। रेलोंका जाल तो एकमें एक लगा, आस्ट्रेलिया तथा और द्वीप-समूहों को छोड़, सारे भूमडलमें बिछा हुआ है। काठमाण्डव (नेपाल), दार्जिलिंग और सदिया इन तीनों रास्तोंसे हिमालयको पारकर रेल तिब्बतमें घुसी है। तिब्बतमें बहुत दूर तक रेल है। अब तिब्बती लोगोंमें वह मलिनता नहीं रही। वह क्या, अब तो भूमंडलका कोई भी मनुष्य पुत्र स्वच्छता, सभ्यताके मानव-गुणोंसे वचित नहीं है। सभीके लिए शिक्षा और सुख-सामग्री आवश्यकतानुसार वितरण की जाती है। तिब्बतसे मगोलियामें ताँता बिछाती रेलवे लाईन अल्ताई पर्वतको पारकर साइबेरिया पहुँच जाती है। मगोलियासे मचूरिया और चीनके भिन्न-भिन्न प्रदेशोंमें रेलें गई हैं और फिर वह युन्-नान् होती यनाम स्याम और बर्मामें फैल गई हैं। बर्माका सम्बन्ध फिर रेलोंसे चटगाँव और आसाम प्रान्तसे हो गया है। यही नहीं, बर्मासे मलाया होते समुद्रमें सुरङ्गसे सिंगापुर और सुमात्राको भी मिला दिया गया है।

तिब्बतसे पश्चिमकी ओर तुर्किस्तानके यारकन्द, काशगर होती ताश-कन्द, समरकन्द, फिर अफगानिस्तान, ईरान, तुर्की और अरबमें रेलोंका जाल बिछा है। ऊराल पर्वतको कितने ही स्थानोंपर पारकर रेलें रूसमें घुसीं हैं। इधर कुस्तुन्तुनियामें समुद्रोंपर सुरङ्ग बना, एशिया और यूरोप मिला दिये गये हैं। फ्रांस और इंग्लैण्डके बीचमे भी समुद्रमें सुरंगवाली रेल-लाइनें बिछी हैं। स्वेज नहरकी सुरंगवाली रेलसे एशिया-अफ्रीका जोड़ दिये गये हैं। अफ्रीकामें

भी सब जगह रेलोंका जाल है। इधर पिछली शताब्दियोंमें 'सहरा'की बालुकामय भूमिको अपार जल-राशिसे भरकर एक समुद्र तथा उसके आस-पास लाखों मीलकी मरुभूमिको हरी-भरी कर देना एक बड़ा आश्चर्यमय कार्य हुआ है। अफ्रीकाकी जनसंख्या भी पहलेसे बहुत बढ़ गई है। आधा यूरोप वहाँ पहुँच गया है, इसके अतिरिक्त एशियाके भी बहुतसे आदमी वहाँ चले गये हैं। किन्तु अब वह पुराना वर्णन भेद और देश-भेद नहीं। सब एक कुटुम्बकी भाँति रहते हैं। हब्शी, यूरोपियन, एशियाई सभी शिक्षा-दीक्षा आदिमें समान हैं और रङ्ग आदिमें भी समान होते जा रहे हैं।

इस प्रकार तो रेल-मार्ग पूर्वीय गोलार्द्धमें बिछा हुआ है। साइबेरियासे बेरिंग समुद्र-स्रोतको सुरंग-द्वारा पार करती हुई गाड़ी उत्तरीय अमेरिकाके अलास्का प्रान्तमें पहुँच जाती है। फिर तो कनाडा, संयुक्त-राष्ट्र, मेक्सिको होती, पनामा नहरको सुरङ्गसे पार करती हुई गाड़ियाँ दक्षिण अमेरिकामें घुस जाती हैं, और कोलम्बिया, पेरू, ब्राजील, बोलिविया, चिली, अर्जण्टाइन, उरुगाय, पटगोनिया आदि सभी खण्डोंमें फैली हुई हैं।

यद्यपि इस प्रकार पृथ्वीका अधिक भाग क्या, आस्ट्रेलिया और अन्य छोटे टापुओं तथा जापानको छोड़ सभी भू-प्रदेश रेलोंसे जोड़ दिया गया है, किन्तु आसानीके साथ जहाज भी चीजोंके पहुँचानेमें बड़ा काम करते हैं। इनके अतिरिक्त दूर-दूरकी यात्रायें वायुयानों ही द्वारा होती हैं। मुख्य उत्तरीय और दक्षिणीय ध्रुवोंपर बस्ती हो गई है, जहाँ गर्मी या छः महीने वाले दिनमें लोग रहते हैं। ज्योतिष-शास्त्रके विशेषज्ञ तथा भौतिक तत्ववेत्ता वहाँ अधिक जुटते हैं। यात्रा वायुयान-द्वारा होती है। आजकलके लोग स्काटके आत्म-बलिदानकी कथायें भले ही पढ़ लें, किन्तु क्या उस समयकी कठिनाइयोंका ठीक अनुमान वे कर सकते हैं?

मगध और पटनाकी यात्रा करते, बीचमें प्रसंग-वश यह भी बातें आ गईं। इसके कारण मगधके आम और लीची ही हैं। इन लगातार आम और लीचीके बागोंमें गुजरते हमलोग आखिर पटना पहुँच ही गये। सूचना पहलेसे पहुँच गई थी। मगध-शासन-सभाके सभापति साथी यूसुफ कतिपय अन्य सभासदोंके साथ स्टेशनहीपर स्वागतके लिए आये थे। स्वागतके बारेमें

एक ही बार लिख देना चाहता हूँ कि प्रत्येक स्थानवालोंने एक दूसरेसे बाजी ले जानेका प्रयत्न किया। जब मैंने नगर देखा तो मालूम हुआ कि पाटली-पुत्र तो अलग रहा, पटनाका भी वह पूर्ववाला आकार बिल्कुल उलट-पलट गया है। सारे पटना शहरमें केवल पन्द्रह हजार आदमी रहते हैं। अब उन तङ्ग गलियों और सड़कोंका नाम निशान नहीं, न उन चौतल्ले-तितल्ले मकानोंहीका कुछ पता है। सभी रहनेके मकान ग्रामोंकी तरह हैं। फुलवाड़ी और वृक्षोंका भी वैसा ही शौक है। इससे जिस जगह पहले हजार आदमी रहते थे, अब मुश्किलसे पचाससे सौ आदमी तक रहते हैं। पटना मगध-प्रजातन्त्रका सदर है। यहाँ बहुतसे राष्ट्रीय दफ्तर हैं। छापाखाना बहुत भारी है। बिना-तारके-तारका बड़ा स्टेशन है। वायुयानोंका भी बड़ा अड्डा है। यहाँके सभी निवासियोंका प्रधान काम इन्हीं विभागोंमें काम करना है।

यद्यपि रहनेके घर सभी एक-महले हैं; तो भी दफ्तर कई-कई तलों वाले हैं। कागज-पत्रोंका जो रेकर्ड-आफिस है, वह तो पूरे पचास तलोंका है। नीचेसे सबसे ऊपरवाले तलपर पहुँचना परिश्रमका काम है, इसीलिए यहाँ चही बिजलीका झूलाडोल ऊपर नीचे जानेके लिए है। इस कार्यालयमें देशका प्रत्येक कागज बड़े यत्नसे रक्खा गया है। कागजोंको आग आदिसे बचानेका पूरा प्रबन्ध है। इस दफ्तरमें मगध-सम्बन्धी अंग्रेजी शासनहीके कागज नहीं, मुसलमानकालकी भी बहुत-सी सनदें आदि इकट्ठीकी गई हैं। पटनाकी सबसे सुन्दर इमारत अशोक-भवन है। इसका नक़शा नालन्दाके वसुबन्धु-भवनहीका-सा है, किन्तु इसकी शोभा उससे और अधिक है। इसमें सोने और संगमर्मरका काम खूब देखनेमें आता है। विस्तार भी इसका 'वसुबन्धु-भवन' के इतना ही है। रंग-मंचके ऊपर बड़े-बड़े स्वर्णाक्षरोंमें लिखा है, 'एषे च मुख मुते विजये देवनं प्रियस यो ध्रम विजयो।'

१५

भारतके प्रजातंत्र

पटनासे चलकर, यद्यपि मैंने वर्तमान भारतके सभी प्रजातंत्रमें दो-दो चार-चार दिन दिये, किन्तु सभी जगहोंकी बस्ती, रहन-सहन एक-सा ही

देखा। यद्यपि मैं रोज अपने रोजनामचेमें अपने आस-पासकी चीजोंके विषयमें लिखता गया हूँ, किन्तु, यहाँ उसका उद्धरण करना पुनरुक्त मात्र समझ छोड़ देता हूँ। अपनी यात्रा-क्रमसे, केवल सरसरी तौरसे मोटे-मोटे परिवर्तनोंहीका संक्षिप्त विवरण देता हूँ।

पटनाके साथ ही मगध प्रजातंत्रको छोड़, मैं काशि-प्रजातन्त्रके बनारसमें गया। और परिवर्त्तनोंके साथ बनारसने भी बडा परिवर्त्तन खाया है। न वह काशीकरवटकी करवट है; न कचौड़ी-गली, न उसकी कचौड़ी। गलियोंका तो एकदम नाम ही नहीं है। बड़ी चौड़ी-चौडी सड़कें हैं। खुली हवादार जगहोंमें वही मकानोंकी शोभा है, जो पहले बतलाई जा चुकी है। यदि आज कोई आदमी बीसवीं शताब्दीके किसी मकानको ढूँढ़ना चाहे, तो नहीं मिल सकता। मुझे और भी उदासी मालूम हुई, जब मणिकर्णिका, दशाश्वमेध आदि पूर्वके गुंजान घाटोंपर गया। यद्यपि स्नानके अवसरपर अब भी बहुत-से स्नान करनेवाले आते हैं, सीढियाँ पहलेसे भी सुन्दर और साफ हैं; बिजलीकी ताकतसे चलनेवाली कुछ नावें भी गगामें सपाटे मारती दिखाई पड़ती हैं, किन्तु अब वह घाटियों और पण्डोंकी चहल-पहल कहाँ ? अब वह 'गुरु'-'गुरु' की कहनाई और कुंडी-सोटेकी रगड़ाई कहाँ ? नाइयों और मालियोंका भी पता नहीं। पता कैसे हो, इस समय तो जब पैसादेवहीका पता नहीं, तो उनके अनुचरोंका ठिकाना कहाँ ? न अब दशाश्वमेधकी सट्टी है, न विशेश्वरगंजका गोला; न साँड़ों-मुष्टण्डोंका पता। न अब तत्कालीन समाज-की-मारी हतभागिनी स्त्रियोंके दालमडीके कोठे। लोगोंके रहनेके मकान वही एक-महले। ऐतिहासिक स्थानोंके चारों ओर खूब हरी-हरी खुली जगह दिखलाई पड़ती है। मदिरोंको अब एक ऐतिहासिक चिह्न समझ सुरक्षित रक्खा गया है। रुपये-पैसोंका तो चढ़ावा सम्हालना नहीं है। सारे बनारसमें इस समय केवल पचीस सहस्र नर-नारी निवास करते हैं, जो यदि पुराने मकान होते, तो एक कोनेहीमें आ जाते, किन्तु चौड़ी सड़कों और एक-महले मकानों और फूलों आदिके कारण पुराने बनारसभरमें फैले हुए हैं।

बनारसके पास दो और प्रसिद्ध बस्तियाँ हैं, एक तो बरना उस पार तीन कोसपर 'ऋषिपतन मृगदाव'—जिसे पहले सारनाथ कहा करते थे—दस हज़ार

आदमियोंकी बस्ती है। यहाँ अतिथि-विश्राम बहुत दूर तक बने हैं। बुद्धवादी बुद्धिके सर्व-प्रथम यहीं उपदेश करनेसे इसका माहात्म्य भारी है। सारे भूमंडलके नर-नारी यहाँ आते हैं। स्थान अब बहुत रमणीय हो गया है। पुराने ध्वस्तप्राय स्तूप बिल्कुल नये बन गये हैं। दूसरा स्थान है असी उस पार काशी-विश्व-विद्यालय। पहलेसे बहुत दूर तक इसका विस्तार है। अब पुरानी पाठशालायें तथा पंडितोंकी गृह-पाठशालायें तो हैं नहीं, किन्तु इससे विद्या-प्रचारमें कोई कमी नहीं है। सभी विद्याओंका अध्ययनाध्यापन पूर्वसे भी अधिक व्यवस्थित रूपमें काशी-विश्वविद्यालयमें होता है। इसकी गणना भूमंडलके उच्च श्रेणीके विश्व-विद्यालयोंमें है। साहित्य और दर्शनमें उसकी बड़ी ख्याति है।

काशी प्रान्तकी राजधानी बनारस है। गेहूँकी खेती तथा आम, अमरूद, बैरके बागोंकी यहाँ अधिकता है। खासकर बनारस जिलेमें उपरोक्त फल बहुत होते हैं।

इसके अतिरिक्त चीनी भी इस प्रान्तमें बहुत होती है। पहलेसे नहरें यहाँ बढ गई हैं, किन्तु आबादी घट गई है।

इन्द्रप्रस्थ, वत्स, पांचाल, सूरसेन, मत्स्य, कुरु स्वतंत्रगण हैं। सूरसेन और मत्स्यमें बीसवीं शताब्दीकी अनेक रियासतें भी सम्मिलित हैं। अब उन रियासतोंका कुछ भी चिह्न नहीं रहा। भारतकी राजधानी दिल्ली है; किन्तु खास शहरमें पचास ही हजारकी बस्ती है। स्वच्छता-सुन्दरतामें बढी-चढी है। पुरानी इमारतें खूब सुरक्षित अवस्थामें हैं। गेहूँ, चीनी, घी यहाँसे और जगहोंमें भी जाता है। तराईकी ओर कागजके बहुतसे ग्राम हैं।

पंजाब, कश्मीरमें भी अनेक प्रजातंत्र हैं। एक की राजधानी लाहौर है। तक्षशिला विद्यालयने फिर अपनी प्राचीन कीर्तिको लौटा पाया है। आयुर्वेद-शास्त्रमें उसकी ख्याति सम्पूर्ण भूमंडलमें है। गेहूँ तथा और अनाज, एवं चीनीके अतिरिक्त ये देश मेवे बहुत पैदा करता है। उत्तर तरफ पर्वतीय जन-पदोंमें भेड़ोंके बहुत-से ग्राम हैं। ऊनी कपड़ोंके बहुतसे बड़े-बड़े कारखाने हैं। इसी ओर बिजली उत्पन्न करनेके भी बहुतसे स्थान हैं।

राजस्थान। इसमें पुराने राजपूतानेकी सारी रियासतोंके देश सम्मिलित

है। सबसे भारी परिवर्त्तन, अनेक रियासतोंके एक होनेके अतिरिक्त, मरु-भूमिका हरे-भरे मैदानके रूपमें परिणत होना है। सिन्धकी बड़ी नहरने, बीकानेरके पानी बिना जलकर बालू हो गये कलेजेको ठंढाकर, यह परिवर्त्तन किया है। अजमेर इसकी राजधानी है।

सिन्धु। पैदावार फल और अनाज दोनोंहीकी है। राजधानी करांची, जहाज और विमान दोनोंका बड़ा अड्डा है। यहाँसे मैं सौराष्ट्र, गुजरात, मालव, विदर्भ और महाराष्ट्रमें गया। तीनोंमें कपासकी खेती बहुत अधिक होती है। कपड़ोंके कई बड़े-बड़े कारखाने हैं। पुरानी हैदराबाद रियासत, उत्तर महाराष्ट्र, दक्षिण महाराष्ट्र, कर्नाटक और आन्ध्र इन चार प्रजातंत्रोंमें बँट गई है। इन प्रान्तोंमे भी कपास और कपड़ोंके कारखाने हैं। किन्तु चावल, चीनीकी पैदावार बहुत है। द्रविड़ और केरलके अतिरिक्त लंका भी अब भारतहीमें सम्मिलित है। इनके अतिरिक्त उत्कल, बंग, आसाम, और हिमालय आदि गण भारतके हैं। सभी जगहोंकी व्यवस्था-अवस्था बहुत ही सुन्दर है। निवासी आनन्दित तथा वसुन्धरा वसुन्धरा है। जगह-जगह बहुतसे विद्यालय और विश्व-विद्यालय हैं।

१६

वर्तमान जगत्‌से उठ गई चीजें

पहले किसी प्रकार भी धनी बननेकी बीमारीका बड़ा प्रकोप था। उस समय लोगोंको ऐसा करनेकी स्वाधीनता भी थी। उस समय किसी वस्तुका मूल्य राष्ट्रीय आवश्यकतापर निर्भर नहीं था। धनकी इच्छावाले धनिक इस बातकी कब परवाह करने लगे थे, कि अमुक व्यवसायसे देशका श्रम तथा जीवन बर्बाद होगा, या सार्थक ? वह तो यह देखते थे कि बाजारमें माँग किस चीजकी है। बस, उसीकी तैयारीके लिए बड़े-बड़े कारखाने खोल देते थे, जिनमें लाखों आदमी काम करते थे। शराब, सिगरेट, अफीम यद्यपि हानिकारक वस्तुयें थीं, किन्तु उनकी उपजके लिए लाखों आदमी और लाखों बीघे भूमि बर्बा

रहती थी। भला आजकल वह बात कहाँ चल सकती थी ! यहाँ तो सिद्धान्त ठहरा, जीवनकी सभी आवश्यक अहानिकारक, आनन्दप्रद सामग्रीके यथेष्ट संग्रहमें जहाँ तक हो सके कम-से-कम समय लगाया जाय, ताकि अवशिष्ट समय-को लोग अपनी इच्छानुसार, अपने ईप्सित कार्योंमें लगा सकें। पहले जैसे दरभंगा और मुजफ्फरपुर जिलोंकी बहुत-सी भूमि तम्बाकू पैदा करनेमें लगी रहती थी, अब वहाँ तम्बाकू का नाम नहीं। सिगार, सिगरेट, बीड़ियोंके कार-खानोंका पता नहीं। शराब, अफीम ही नहीं, गाँजा, भाँग, चरस, ताड़ी आदि कितनी ही वस्तुयें आजके संसारमें पढ़कर तथा वस्तु-सग्रहालयोंहीमें जाकर देखी जा सकती हैं। चाय, काफी, कहवा भी अब व्यर्थका व्यसन समझा जाकर विदा हो चुका है। खानेमें छोटे-बड़े आदमीका भेद न होनेसे, साँवाँ, कोदों, मँडुआ (रागी), मोटे चावल आदि कितने निम्न श्रेणीके अन्न नहीं बोये जाते। खानेके लिए फल, अनाज जो कुछ भी पैदा किये जाते हैं, उत्तम श्रेणीके। कपड़े-लत्ते, घर-द्वार, सवारी, बार-बरदारीमें भी यही बात है।

पैसेका नाम उठ जाने, तथा वैयक्तिक सम्पत्तिके न रह जानेसे फल-फूल, खेत-बारी, कल-कारखाना सब कुछ राष्ट्रीय है; और इसीलिए अब उतने कानूनोंकी भी भरमार नहीं। इन्कमटैक्सका कानून, बन्दोबस्त कानून, कोर्टफीस, आबकारी, काश्तकारी, लगान, ज्वाइट स्टाक-कम्पनी, आदि-आदि सैकड़ों कानूनोंका अब काम ही नहीं है। दीवानी मामलोंकी जड़ ही खतम हो गई, क्योंकि धन-धरती किसी व्यक्तिकी है ही नहीं। फौजदारीके कानूनका आकार भी बहुत घट गया है, क्योंकि धन-धरतीके अपहरण-विषयक चोरी-डकैती आदि अपराध अब सम्भव ही नहीं। एक व्यक्तिका दूसरे व्यक्तिको शारीरिक या मानसिक हानि पहुँचानेका कारण अब नाम-मात्र ही रह गया है, क्योंकि इन सबकी जड़ वही व्यक्तिगत स्वामित्व था। शिक्षाका उत्तम प्रबन्ध, रोगोंकी उत्कृष्ट चिकित्सा, नीरोग हृष्ट-पुष्ट माता-पिताकी वैसी सन्तान होना, इत्यादि वह कारण हैं, जिनसे, जिन कोनोंसे पहले कितने-अपराध हो भी पड़ते, आज अपराध वहाँ नहीं या नहींके बराबर होते हैं। अब अपराधोंके दो ही मुख्य कारण हैं, मनुष्य-प्रकृतिकी जब तबकी उद्धतता और अज्ञानता, तथा स्त्री-पुरुषके सम्बन्ध। किन्तु इनसे भी पहलेकी अपेक्षा शतांश भी अप-

राष्ट्र नहीं हो पाते; कारण है—मनुष्य-प्रकृतिका बहुत भारी सुधार हो जाना, तथा स्त्री-पुरुषोंका एकदम बराबर समझा जाना। आजकल स्त्रीपर पुरुषका उतना ही अधिकार है जितना पुरुषका स्त्रीपर। दोनों केवल प्रेमके बन्धनसे बँधे हैं। जिस प्रकार दाम्पत्य बन्धन प्रेमके ही द्वारा बँधा है, वैसे ही वह तभी तक स्थिर भी समझा जाता है, जब तक कि वह प्रेम है। प्रेमके अभावमें इस बन्धनका सर्वथा उच्छेद हो जाता है। जब पति-पत्नीको एक-दूसरेकी आर्थिक पराधीनता नहीं, समाजके विरोधका भय नहीं, तो फिर वह कब और कितने दिनों तक दिखलावेके दम्पती बने रह सकते हैं! इसका एक यह भी फल हुआ है कि अब पहलेकी तरह गुप्त व्यभिचारकी अधिकता नहीं।

आजकलके संसारमें कितने ही पेशोंका भी अस्तित्व नहीं है। वकील, मुख्तार, सोख्तार, बैरिस्टर ही नहीं; मोची, भंगी, रंडी (वेश्या), भिखमगे, पंडे, भाँट, मुजावर, कसाई, दूकानदार आदि भी अब नहीं रह गये हैं। खिदमतगार, लौंडी, आका भी नहीं। बाल-विवाह, अनमेल-विवाह का भी पता नहीं। तिलक-दहेज, नाच-तमाशा, बड़ी-बड़ी बारात, हाथी-घोड़े-पालकी, आतिशबाजी आदि कुछ भी नहीं। देवताओं और पीरोंके हटकों, पूजा, बलि-दान और कुर्बानियोंका भी निशान नहीं। जाति-भेद, रंग-भेद भी नहीं। पैतृक बीमारियाँ तथा राजरोग, कुष्ट, दमा, बवासीर, पागलपन, राज-यक्ष्मा, उपदंश, आदि सुननेमें नहीं आते। इन बीमारियोंसे पिछली शताब्दीमें राष्ट्रको बहुत युद्ध करना पड़ा है, तब विजय मिली। ऐसे सब रोगियों (नर-नारी दोनों)को औषधादि प्रयोगसे सन्तानोत्पत्तिके अयोग्य बना दिया गया था; और उन्हें हटाकर पृथक् रक्खा गया था। यह काम बहुत कठिन था, और हुआ भी एकदम नहीं। किन्तु जब एक बार राष्ट्रने अपने हितकी बातको समझ उसे करने की ठान ली, तो भला वह काम हुए बिना कब रह सकता है! यह राष्ट्रहीके प्रयत्नका फल है, कि पृथ्वीपर अन्धे, लूले, लँगड़े, बहरे, गूंगे, काने, बुद्धिशून्य तथा विकृत-इन्द्रिय व्यक्ति खोजे नहीं मिलते।
